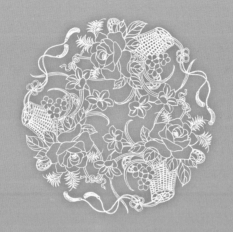

姓名學入門初階講義

淺顯易懂・初階入門・快速理解

易學佛堂・黃四明◎著

自己取個響亮好名，一生路途皆順遂！
一看就懂的姓名學，讓你贏在起跑點；
清晰準確地算出利於自己磁場的好名！

算出你的前程禍福，
命名、改名開運真簡單！

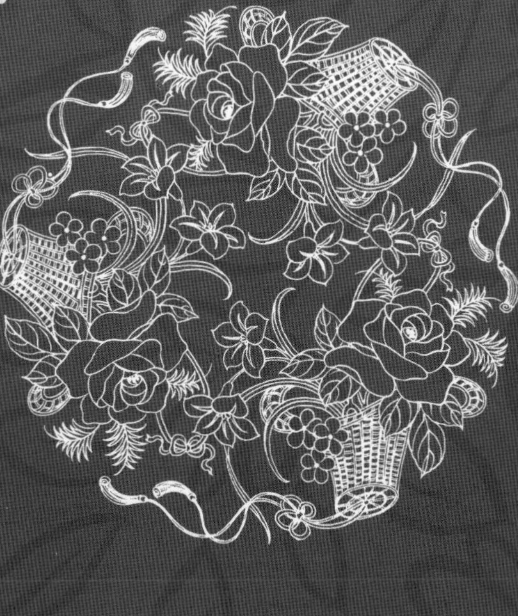

序言

在近二十年的命理教學和服務生涯中，常有學員問我：「一個好名字真能帶來好運嗎？」我的回答通常是：「那麼我們每天如果多喝開水，對身體健康是否有幫助呢？」當然，對健康是有幫助的！

其實萬物皆有「陰陽五行」的磁場互動，而產生不同程度的生剋關係，所以從五行和五常「人、事、地、物、時」的互動關係來看，一個名字當然會對人產生影響！

大家應該聽過所謂「蝴蝶效應」一詞，它的意思是：「一個人所做的任何事，幾乎都會產生一連串的效應，小如一隻蝴蝶翅膀所擺動的風，都可能會產生大颱風呢？」

這也就是佛法所說的「因果關係」，因此古人才會常勸誡大家「勿以善小而不為，勿以惡小而為之！」這也是告訴我們，任何細小的行為和意念都會帶來大小不等的影響。

所以不論是住家風水格局、名字稱呼，甚至身上配戴水晶、寶石等，或是學佛修行、念經、持咒、參加法會，或是學習一項技能專長等，這些對自己的「努力」，都是可以產生或好或壞的效應！

雖然任何事都會產生影響，但是每一個事件、動作，它的效應又有「多少」呢？也是我們需要去深入瞭解的重點。這其間是否有包藏著許多欺瞞詐騙呢？例如，多喝水當然有益健康，但是如果一瓶只價值二十元的水，卻聲稱能治百病、要賣兩萬元，那就是欺瞞詐騙了。

而命理界之中卻處處存在這類的欺瞞詐騙！

改個名字，保證可以考上第一志願？

戴個數十萬粉紅水晶就能夠嫁入豪門，當上富家少奶奶？

刻個加持過的印章，能發大財、事業順利賺上數千萬元？

或如那些陽宅風水大師們所說的，搬個床位就能治百病，或是改個門窗就可賺大錢？

我們一般的老百姓又為何這麼容易受騙呢？

原因如下：

人性被利用

誰不希望事事順利、賺大錢、嫁個有錢老公或是娶個漂亮的老婆呢？在這種期待之下，若是能夠有辦法來達成願望，當然很容易受騙了！

對命理學問的無知

學問知識是我們智慧力量的來源，能夠瞭解一門學問的道理，然後善加運用，這就是智慧！平常我們對於醫學、法律、大自然、物理、電腦、飲食等許多方面的知識，或多或少會去學習和瞭解，但是面對命理學時，一般人似乎馬上就失常了，不去深入學習瞭解，通常都是道聽途說，或是自己胡亂猜想，反而陷入迷信、盲信、亂信，胡說瞎扯、莫衷一事的心態。

對於命理學不相信的，就罵說這是「迷信」，也不去深入瞭解；而相信的，就「盲信」，認為只要是大師說的一定準確，管他是不是騙我；而急著想改運的，就到處找大師「亂信」……

會有上述這些情況，其根本原因就是不瞭解命理學，其內容是什麼、能夠帶給我們什麼樣的幫助。這也是老師近二十餘年來，不斷透過寫書、上課、舉辦免費命理服務公益活動的目的，無非希望大家能建立正確的命理觀念，而不要讓這些學問被某些人士「綁架」濫用了。

那麼為何老師要這麼做呢？如果一個人曾經遭逢人生大災難，比如發生大車禍，車子被油罐車迎面撞上，車全毀而人卻毫髮無傷，大難不死之後，就會知曉這是上天對老師的庇佑，應該要有所回報。因此，老師的命理服務不收任何供養紅包，不圖任何名利，甚至連寫書都不是用來賣書賺版稅，只要來到「易學佛堂」，所有老師寫的書都是免費贈送的。

正因為老師和任何人都沒有利益關係，所以只會講「真話」。將所有命理學上相關的真實情況告訴大眾，使大家能夠真正得到這些學問的知識和幫助。

在本書中，老師只想要幫助讀者，如何從各種不同的學說論述中，整合如陰陽五行、八十一筆畫數吉凶、三才五行格、音韻字意和倉頡生肖等條件，取出一個最適合您的名字，而不打算去論述某個名字會產生什麼吉凶禍福的運勢，因為這根本不是姓名學所能夠產生的影響。

若是想瞭解今世的整體運勢吉凶，建議還是要從四柱八字、紫微斗數，配合易經卜卦或占察三世因果，才能掌握到較精確的運勢變化！

二〇一二年七月十三日 於台中易學佛堂

黃四明

002 序言
第一章・姓名能量磁場學
013 前言
014 ・姓名學的影響
016 命理學說的影響和介紹
017 ・坊間常見的算命法
018 ・算命法的內容和影響程度
第二章・姓名學概說
024 以八字命局陰陽五行旺衰為主
025 以筆畫數吉凶為主
025 以三才五行格整體吉凶為主
026 以字形、字意、音韻為主
027 以文字部首、字根為主
第三章・如何取個好名字
028 先瞭解八字命局
028 四柱八字（全名為「子平四柱八字命理學」）

CONTENTS 目錄

029 陰陽五行（中國最古老的十個基因元素）
030 由陰陽五行的十天干再組合出十二地支
032 基本八字命局簡介
033 八字命局的核心「命主」和十吉凶星宿

如何取得八字星宿命盤

036 ・取得命盤的方式

038 **十天干的象徵代表意義和特性**

039 **甲木：**最具有計畫性的特質
039 **乙木：**最具有適應環境的特質
040 **丙火：**最具有熱情開朗的特質
041 **丁火：**最具有悶騷理性的特質
042 **戊土：**最具有的固執不變的特質
044 **己土：**最具有母親包容的特質
045 **庚金：**最具有講義氣衝動的特質
046 **辛金：**最具有貴氣獨特的特質
047 **壬水：**最具有奔放好動的特質
048 **癸水：**最具有細膩浪漫的特質
050 ・日主十天干命主的五行物性、人格分析總表
051

053 十吉凶星宿的意義特性
054 ・正財
055 ・偏財
057 ・正官
059 ・偏官（又稱為七殺）
062 ・正印
063 ・偏印
066 ・比肩（又稱為建祿）
068 ・劫財（又稱為羊刃）
070 ・食神
072 ・傷官
075 ・十星宿特性吉凶分析簡表

第四章・筆畫八十一數之靈動吉凶

079 筆畫一至十數之靈動吉凶
○1（安泰）×2（破滅）○3（慶福）×4（破壞）
○5（福祥）○6（安慶）○7（權威）○8（剛志）
×9（凶禍）×10（零暗）

CONTENTS 目錄

筆畫十一至二十數之靈動吉凶 083
○11（再興）×12（不足）○13（智慧）×14（破兆）
○15（福祥）○16（厚重）○17（過剛）○18（權力）
×19（多難）×20（凶禍）

筆畫二十一至三十數之靈動吉凶 087
○21（月明）×22（薄弱）○23（隆昌）○24（餘慶）
○25（英俊）×26（變怪）×27（遭難）×28（凶刑）
△29（不平）×30（悲運）

筆畫三十一至四十數之靈動吉凶 091
○31（智勇）○32（僥倖）○33（昇天）×34（破滅）
○35（平安）×36（波瀾）○37（權威）△38（薄弱）
○39（富貴）×40（退安）

筆畫四十一至五十數之靈動吉凶 095
○41（有德）×42（多能）×43（散財）×44（煩悶）
○45（順風）×46（戀怪）○47（開花）○48（德智）
△49（變轉）×50（離愁）

筆畫五十一至六十數之靈動吉凶 099
×51（浮沉）○52（達眼）×53（內憂）×54（橫死）

△55（善惡）×56（晚凶）○57（寒鶯）△58（危難）
×59（亡產）×60（無謀）

筆畫六十一至七十數之靈動吉凶 102
△61（名利）×62（衰敗）○63（富榮）×64（非命）
○65（壽榮）×66（不和）○67（通達）○68（發明）
×69（非業）×70（非業）

筆畫七十一至八十一數之靈動吉凶 105
△71（勞苦）×72（悲運）△73（無男）×74（逆運）
△75（退安）×76（離散）×77（後凶）△78（晚苦）
×79（難伸）×80（遁吉）○81（重福）

第五章・姓名學筆畫數吉凶組合

八十一筆畫吉凶數和三才五行的配合 109
・筆畫數陰陽、奇偶 111
姓名配合吉數選擇組合 112
・三才五行格吉數組合表 112
・音節聲韻起伏轉折 134
・字的筆畫五行 134
・一般通用字庫之字音五行 134

CONTENTS 目錄

第六章・姓名學實例解說運用

157 ・命名、改名的四大條件
158 ・命名的步驟
161 案例一：張小妹妹命名實例解說
166 案例二：呂小妹妹命名實例解說
170 案例三：蘇小弟弟命名實例解說
175 案例四：詹小妹妹命名實例解說
180 案例五：牛小弟弟命名實例解說
185 案例六：李師兄改名實例解說
188 案例七：汪秀芳師姐改名實例解說
194 案例八：郭采潔成功改名實例解說
199 案例九：林益世（未知時）姓名和八字命格實例解說
205 案例十：黃四明老師命名實例解說

附錄

附錄一・《占察善惡業報經》與地藏木輪相法

213 佛門占卜專書
215 佛門照妖鏡
219 地藏王菩薩渡人善巧次第法門
220 三種輪相的簡單認識

附錄二・四明居士簡介和學佛改運心得分享

222 求道經驗
227 一位《易經》老師的學佛心得——根本改運之道（一）
241 一位《易經》老師初入佛門的學佛心得及改運的心路歷程（二）

附錄三・「易學佛堂」的精神宗旨與近年發展計畫

249 「易學佛堂」精神宗旨
250 發展計畫

附錄四・「易學佛堂」擴大招生感言

第一章
姓名能量磁場學

前言

有人說「名譽是人的第二生命」，而代表這名譽的就是人的姓名，如果是事業單位，則是公司或行號的名稱。一個姓名或名稱的好壞，是「姓名學」的主要論述重點，除了要字音順口、字意達雅、涵義特殊，甚至還要加上陰陽五行的調和、字數筆畫的吉凶，甚至連出生生肖的倉頡造字「聯想」，如生肖屬「虎」就要有「肉」「月」字的名字等都要套用上。

因此姓名學可以說「千門百派」、「無所不說」，使得這一門學問呈現出令人無所適從的混亂局面。

時代愈進步，人與人的交流愈頻繁，一個人的姓名或公司的名稱也益形重要，它是可在無形中產生了趨吉避凶或增進福祉的作用。可是，若不斷地強調，取名不當可能導致命運衰退、產生重病、業務不振等惡果，則是在欺瞞世人，混淆此一學問的真正意義。

其實，所有的命理學問，都只是來幫助我們瞭解自己，累世習性和因果業力、福報的一個工具，命理學之中根本沒有所謂可以「改運」的方法。真正的改運之道，仍必須從「自性」和因果業力做起，絕不可能改個名字或是戴個天珠、水晶、燒個紙錢、畫張符……就可以改變厄運的！

老師通常不願意為人改名，因為我認為名字只能增加一個人的「自信心」，是屬於心理層面的影響；若是根本的問題沒有解決，只是「鴕鳥心態」的想藉改名字來解決問題，而一點也不想積極尋求真正的解決辦法，在此情形之下，老師是不贊成改名的。

還是應該要從根本的「業因」、「命格」等方面來用功、來用心改進。

至於姓名學到底包含哪些內容、影響有多大、該如何學習，老師將一一介紹如下。

姓名學的影響

一、影響個人情緒的好壞

所謂「相由心生」，每個人都很容易受到外界環境的干擾和影響，所以名字好聽，當然心情就會愉快，做起事情來就會輕鬆如意，對人也會和顏悅色而擁有好人緣。

二、音韻聲波磁場的影響

音樂具有潛移默化的魔力，是因為它具有一種音韻聲波磁場，能感化人心。名字也是一種音韻的發聲，好的音韻聲波就會產生好的磁場，日積月累之下，當然就能化解一些不好的負面能量。

三、命局五行磁場的調整

出生年、月、日、時所排出八字命局的陰陽五行，若是過旺或過衰而有所失衡，都會產生不好的影響，因此透過外在事物的五行調整，包括所穿的衣物、使用的物品、住的方位，和名字所蘊含字根、字音、筆畫數等的五行，都可或多或少平衡命局的五行磁場，而產生正面的能量。

四、筆畫數字的神奇能量

數字是有能量的！這已是經由科學證實的一件事，所以才說「數學」是一切科學的根本。所有電學、力學、能量、磁場和電腦運作等，都可以轉化成數字的運算和傳輸，因此數字的組合可以帶有正面或是負面的能量。

由此概念而產生筆畫八十一吉凶靈動數，來批論字的筆畫數吉凶，和其代表的吉凶意義。

姓名學所要教導我們的，就是如何掌握住以上這些變化。

不過老師要很誠實地告訴讀者，透過取名而獲得的磁場能量影響，大約只有百分之十至十五而已，畢竟先天格局所產生的命局陰陽五行好壞影響就占了百分之八、九十，這才是根本所在。

而這百分之十至十五的磁場能量，只能用來稍加「調整」而已，千萬不要本末倒置的把白開水或維他命，當成治病救命的藥來使用，而延誤了真正改運的時機。

希望透過本書，能端正讀者對於命理學說的觀念，慢慢建立起正確的命理常識，進而藉此真正幫助到自己，而不再受到不肖命理大師們的蒙騙和誤導。

命理學說的影響和介紹

在命理界或宗教界有一個很偏差的現象，老師稱它為「老王派」，也就是「老王賣瓜，自賣自誇」，如一些命理師常作出如下誇大不實的言論：

1、我這是百年家傳的絕學，算得不準保證退費！

2、任何名字，只要經本大師一看，馬上就可知道您何時可以賺大錢或遇到桃花！

3、去哪裡算八字、卜卦都沒有用，只有來我這裡才能幫你解決問題！

4、命理不必學那麼多，光是我這個方法，就可以讓你知道所有的過去和未來了！

5、想賺錢、治病或斬桃花，聽我的準沒錯，保證讓你改運成功！

6、我特別用百年傳下來的功力，幫你取個好名字，或加持這個水晶、玉佩給你戴，保證你賺大錢、百病痊癒、老公回心轉意、心想事成！

以上的說詞在現實中根本都不可能實現，因為瞭解「三世因果」的人都知道，一個人的吉凶禍福幾乎全是由自己的累世因果業力所決定，而不是後天花一點小錢，藉由他人所謂的「法力」就可以來改變的。

要知道，不可能藉由某一種單一學問，如八字、易經或命理學說等，就可處理所有的問題。這就像沒有人會相信，只要吃下一種藥，就可以治好「百病」一樣！每一種學問都有它的優缺點，都不是萬能的。

以下對各命理學說的簡介中，老師會大概說明其內容、準確度和影響程度。

坊間常見的算命法

1. 四柱八字
2. 紫微斗數
3. 易經卜卦
4. 占察木輪
5. 姓名學
6. 陽宅風水
7. 面相、手相

8. 星座學
9. 塔羅牌
10. 生命靈數
11. 鐵板神數
12. 寺院抽籤

算命法的內容和影響程度

命理項目	論命依據	大概內容	影響程度
四柱八字	出生年月日時等先天性（老師另有專書詳述）	以陰陽五行產生十天干（甲乙丙丁戊己庚辛壬癸）和十吉凶星宿（財官印比劫食傷），再配合四柱宮位、大運，來推算人的個性品德和一生的吉凶禍福變化。	百分之八十至九十
紫微斗數	出生年月日時先天性（老師另有專書詳述）	以十四主星的象徵特性，和甲乙丙丁五級輔星的影響，再配合十二宮位的情境，來論述人的個性品德和一生的吉凶禍福變化。	百分之七十五至八十五

易經卜卦	心誠則靈 後天性 （老師另有專書詳述）	由太極產生陰陽兩爻，成為最簡單的字母符號，組合成八卦和六十四卦的卦象意義，來和神靈溝通，請示所問事情的吉凶發展。是一種和神靈溝通的語言文字。	百分之九十至九十八
占察木輪	心誠則靈 先天性＋後天性 （老師另有專書詳述）	佛門《占察善惡業報經》中由地藏王菩薩所傳下的占察法門。透過「占察木輪」的輪相來瞭解三世因果業力福報的吉凶根因，和一百八十九輪相，來求問現世中一些問題的吉凶變化。	百分之十至十五
姓名學	出生年月日時 後天性＋先天性 （老師另有專書詳述）	基本主軸仍為陰陽五行，需配合八字推算出五行旺衰組合。再加上字意、字音、字形和筆畫數吉凶，或生肖和字根、部首的配合，進而算出最有利於該人命局磁場吉凶的名字。	百分之十至十五

陽宅風水	實物氣場 後天性＋先天性 （老師另有專書詳述）
基本內格局物理方位磁場：由固定東西南北地磁，和個人五行磁場互動，來算出最適合的方位擺設。	百分之十至二十
環境外巒頭磁場互動：即由住家和外在環境，如路沖、電塔、煙囪、壁刀等，來判斷屋宅的磁場變化吉凶。	百分之二十至四十
無形靈界磁場的影響：有所謂地磁穴位所產生的磁場漩渦，和後天一些自殺、意外事故所產生的「地縛靈」或「怨氣靈」。住宅若是落在這些磁場上，當然就會對人產生很不好的影響。	百分之五十至七十
個別特殊磁場的影響：如輻射屋、惡鄰居、附近有寺廟、市場、工程施工等外在因素影響，都會對人造成很大的干擾。	百分之五十至八十

命理項目	論命依據	大概內容	影響程度
面相 手相	實物通靈 先天性	有個學說——「全像宇宙投影」，認為人的基因或任何一個器官中，都存在著個人和所有宇宙的基因祕密。 所以從掌紋、眼紋、耳朵、骨相、面相中，就可以知曉人的吉凶禍福。 只是因為目前的學說邏輯統計分析還不完整，所以一般都會再加上通靈來輔助。	百分之四十至七十
星座學	出生年月日 先天性	基本的西方命理學，由十二個星座特質來判斷人的個性，和吉凶禍福的變化。 因為取樣值是以「月份」為基準，範圍過大，所以精準度一直很受懷疑。	百分之四十至六十
塔羅牌	出生年月日 先天性	類似易經卜卦卦象的運用，分為大牌二十二張、小牌五十六張，藉由抽取牌象的象徵意義，來推論所求問事情的吉凶變化。	百分之八十五至九十

命理項目	論命依據	大概內容	影響程度
生命靈數	西元年月日 先天性	另類西方命理學和數字密碼的結合運用，以西元年、月、日的數字相加，取算出「命主數」、「靈數」和各連線數。 主要是來推算個人的性情，和社會的互動性，進而判斷未來的吉凶變化。	百分之六十五至七十五
鐵板神數	心誠則靈 後天性	另類江湖術數派，普遍不公開流傳，透過一個字根或問題，產生不同數字，然後逐頁查找單字，組成一句詩詞或一首詩詞，來判斷所問事情或是近來運勢的吉凶。 雖有其準確度，但因為極其神祕，所以難免會被誤用，反造成求問者更大的傷害。	百分之五十至七十五
寺院抽籤	心誠則靈 後天性	一般民間最普遍的求問吉凶方式，準確度因人而異，主要是在信仰的信心上，而有信者恆信、不信者恆不信的落差。	百分三十五至百分之九十五

看完以上的說明後，讀者應該已具備一些概念了。若是此時再問，哪一個才是「最好」呢？那麼表示，你的正確觀念依然尚未建立。因為世上是沒有所謂「最好」的東西，只有最適合您的因緣。若是很適合你的感覺或需求，那麼對你來說，那就是「最好」的方法。

所以才需要視各種不同的情況，來分別運用以上各種不同的方法：

一、狀況若有如輕微感冒，只要買個感冒成藥吃就可以了，那麼就用取名、改名，影響度百分之十五。

二、若已經發燒、重感冒，應該趕緊上診所，讓給醫生診斷治療，那麼就用卜卦、算塔羅牌，影響度百分之八十五。

三、若已嚴重到得了新流感、肺炎，可能需要住院做全面檢查和治療，那麼就要以看八字或占察三世因果，瞭解整個因果業力，影響度百分之九十。

四、倘若已得癌症了呢？大概以上命理方法都幫不上忙了，因為這是業力深重、凶運連連的緣故。這時候只能發起覺悟的心，發大願行善助人，才能化解厄運了！

第二章

姓名學概說

目前姓名學並沒有一個很明確完整的學說論述，雖然主軸還是以陰陽五行為主，不過各學派還是各有其觀點，大概可以分為以下幾個派別：

以八字命局陰陽五行旺衰為主

這是從命局五行磁場的影響調整來看，因此必須先知道八字命局中的五行分布旺衰，再由字形、字音的五行來作調整補洩平衡，所以可能也需要有一點八字的基礎概念，才能進一步掌握。

所謂八字命理學，是根據一個人出生的年、月、日、時所推排出來的八字四柱論命方法，是以陰陽五行和十吉凶星宿為主，如木、火、土、金、水中哪一項為喜用神，即以該五行所屬的字意或字音五行配置於姓名之中，進而對此姓名主人暗示誘導以趨吉避凶，產生正面磁場能量的影響。

接下來的章節中，老師會簡單地進一步說明。

以筆畫數吉凶為主

這是從筆畫數字的神奇能量影響來看。現行的姓名學八十一筆畫數吉凶，是自日本傳入，據說是由熊崎健翁先生所研究並傳承的。其用法甚為簡便，即將吉利的名字筆畫（如三、五、六、七、八等），配置於姓名五格（天、人、地、外、總格）中，就可使此筆畫數字產生正面能量，進而對姓名主人有增吉的作用。

這種數字的配置最簡單不過了，任何人都能對照筆畫數吉凶自行搭配，實在不需要什麼學問，所以老師只會在實例解說中引導如何搭配。

不過有些字的部首筆畫數，因為被「簡寫」所以會和正確筆畫數有誤差，如「艸」6畫、「廿」4畫等部首，跟一般習慣會有不同，要稍微注意一下，可參考講義中所附的第134頁通用字庫來選字。

不過，這項命理法最常為一些專業命理學家所詬病，認為它只是一種無稽的數字遊戲。但是老師認為，姓名筆畫吉凶演變至今，其實與西方「生命靈數」有異曲同工之妙，數字是蘊含能量的。

而且又經此派姓名學家們的渲染，業已深植入心，雖然未必具有「吉凶誘導」的強大能量，但是也因長久宣傳，而對一般人產生心理誘導作用，所以老師也會將其導入姓名學中來運用。

以三才五行格整體吉凶為主

三才五行格就是將上述兩種論述結合起來，利用名字的字音五行和筆畫數吉凶，以整體的姓名格局來判斷。

如天格、人格、地格、外格、總格各自代表不同層面的影響，從五行格的五行和數字吉凶，來論述此一名字格局的吉凶變化。

以字形、字意、音韻為主

這是從影響個人情緒的好壞，和音韻聲波磁場的影響來看。姓名的根本是「文字」，而中國的文字以象形、假借、形聲、會意等方式來造字，自有其含意和美感。所謂文字學，是包括字的形、聲、意的一門學問，形是指字的外表形象，聲是指它的讀音，意就是字的意義。

在姓名的論斷上，當然不能忽略此三種根本元素。但是文字的這三元素似乎一直為某些姓名學大師所忽略，而只在命局五行上打轉，這是有失偏頗的一種作法，因此才會常常看到一些很奇怪的名字，如陳噫萒、王佋銨、劉蕪薈，這些便是硬要去符合某種五行的姓名。

一般字的形、音、意並不難掌握，只要稍有中文程度即能瞭解，而且老師也認為這是非常重要的一部分，絕不能捨本逐末地過度鑽研五行的旺衰配合。

在實例運用中，老師會引導讀者選擇適當形、音、意的文字。

以文字部首、字根為主

有人將這一派取名為「倉頡姓名學」，是以出生年的十二生肖，配合文字的部首或字根作適當的搭配，如生肖屬兔，兔子當然需要有「草」吃、要有土洞鑽，所以名字中要帶有草字頭，如「芯」、「華」、「蕙」等，第三字最好也要有土穴能成為兔子的窩，而且因為兔子不吃肉，所以不能有「犬」、「月」部首的字。

老師認為，這也是一種很大的「心理暗示」作用，對個人的觀點和情緒影響較大，實際上看來，倒是沒有太多的磁場影響。

有些大師更是深入專研每個字的象徵意義，探討其對於人的性情、個性的影響。如「呂」字意，能深入解釋為脊骨，延伸為思想意識常因人而異、不穩定，但也善於溝通與表達，極易成為領導人物，並有重感情、具有多方面才華等意義。

這一部分的論述，老師認為還是當作參考即可，並沒有絕對的影響性。

經過以上的解說後，大家應該對於姓名學所包含的內容稍有概念了。接下來的章節中，老師會就以上五大要項一一作更詳細的說明，並以實際案例，引導讀者選出一個最適合自己或是家人的名字。

第三章 如何取個好名字

先瞭解八字命局

綜合以上論述，實際為人取名時，當然要先從瞭解命理的五行開始，再考慮姓名的文字學部分及筆畫數的吉凶，最後再配合部首和生肖，如此就可取出一個圓滿的好名字，創造一個好的磁場能量。

四柱八字（全名為「子平四柱八字命理學」）

一般家庭在小孩出生時，通常會請命理師來批算「八字」，它也是命理學中的一門學問。

之所以稱為「命理學」，意味著它就是在說明「生命的道理」。那麼生命的道理從何說起呢？我們都知道，組成生命的基本元素是ＤＮＡ，生物科學家會以英文字母等符號來表示這些基因，同樣地，八字命理學也是以一些符號文字來代表組成人的基因元素，我們所熟悉的「五行」——金、木、水、火、土，其實就是中國最古老的基因元素，而五行各自再分「陰」、「陽」，成為十個基因元素，稱為「陰陽五行」，每個人的命局即由這十個基因元素所組成。

四柱就是每個人的出生「年」、「月」、「日」、「時」，每柱再分出上面天干星宿和地支星宿，而有八個吉凶星宿，所以就稱為四柱八字。而一個人的吉凶禍福，就是由這些吉凶星宿來作判斷。

陰陽五行（中國最古老的十個基因元素）

陰陽五行「相生」的順序為「木」、「火」、「土」、「金」、「水」，再詳細分為「陽木」、「陰木」、「陽火」、「陰火」、「陽土」、「陰土」、「陽金」、「陰金」、「陽水」、「陰水」。

為了運算這些基因元素，黃帝創設了「十天干」——甲、乙、丙、丁、戊、己、庚、辛、壬、癸，（這些我們從小就熟悉的文字，其實原先是作為組成生命的基因圖譜，和八字命局的運算符號，而不是拿來編班或是改作文、算成績的）。

因此就產生「甲木、乙木、丙火、丁火、戊土、己土、庚金、辛金、壬水、癸水」的運用。

為了進一步賦予這十天干陰陽五行的意義，黃帝更是簡單地選擇了天地間的十種物性（甲木、乙木、丙火、丁火、戊土、己土、庚金、辛金、壬水、癸水）來代表，以這種方式來代表十種不同的「人的本性」。這就像星座是以十二個星象來表示十二種不同人的個性一樣，只是星座是由月份來取算，而八字裡人的本性則是由出生的年、月、日、時來分別取算。

這十種自然界物性，延伸擬像為人的本質特性如下：

【甲：陽木，大樹。】有像大樹或老松一樣的特質，表成長、執著、奮鬥的意志。

【乙：陰木，小草。】有像花草或小樹一樣的特質，表善變、柔順、委婉的精神。

【丙：陽火，太陽。】有像太陽或烈火一樣的特質，表熱情、豪放、強烈的意志。

【丁：陰火，燈火。】有像月亮或燈火一樣的特質，表溫暖、照顧、協調的精神。

【戊：陽土，岩石。】有像岩石或高山一樣的特質，表不變、堅定、厚重的意志。

【己：陰土，田土。】有像田園或泥土一樣的特質，表接納、涵養、含蓄的精神。

【庚：陽金，刀劍。】有像鐵材或刀劍一樣的特質，表銳利、義氣、激進的意志。

【辛：陰金，珠寶。】有像金銀或珠玉一樣的特質，表貴氣、亮麗、氣質的精神。

【壬：陽水，大海。】有像江河或海洋一樣的特質，表多才、放任、自由的意志。

【癸：陰水，小雨。】有像雨霧、霜雪或地下水一樣的特質，表浪漫、弱小、保守、內斂的精神。

由陰陽五行的十天干再組合出十二地支

在八字命局中，年、月、日、時四柱分為上下兩個五行，上面是「天干」，下面則為「地支」。

地支共有十二個：子、丑、寅、卯、辰、巳、午、未、申、酉、戌、亥。

其中，子、寅、辰、午、申、戌為陽。

丑、卯、巳、未、酉、亥為陰。

十二地支與十天干一樣，也是代表命局中陰陽五行組合旺衰的符號，而且其基本內涵也是十天干，這樣的組合，在八字命理學中稱為「藏干」。

所謂藏干，意即「地支」所含的五行磁場磁性，並不是那麼的「純正」，也就是說每一個地支可能是由一個或二個、三個的「天干」的五行組合而成的。

例如「丑」的五行，一般說屬「土」，但是正確的說法是由天干中的「己」、「癸」、「辛」組合而成。

而其中又分為強、中、弱，稱為「己土為本氣，癸水為中氣，辛金為餘氣」。

在八字中，藏干意味著一個人四柱命局中潛藏著隱性的磁場性格，而不是那麼單純看到「己土」，就以為只有土氣的磁性而已！

不過，這點對初學者而言並不是很重要，還是要以最強的本氣為重，先不要管中氣與餘氣的五行。

【地支藏干表】（第一個為本氣，第二為中氣，第三為餘氣）如下：

子水：藏干　癸水。

丑土：藏干　己土、癸水、辛金。

寅木：藏干　甲木、丙火、戊土。

卯木：藏干　乙木。
辰土：藏干　戊土、乙木、癸水。
巳火：藏干　丙火、戊土、庚金。
午火：藏干　丁火、己土。
未土：藏干　己土、乙木、丁火。
申金：藏干　庚金、戊土、壬水。
酉金：藏干　辛金。
戌土：藏干　戊土、辛金、丁火。
亥水：藏干　壬水、甲木。

基本八字命局簡介

例如：生於民國八十三年五月十四日二點，其基本命局如下：（八字的四柱命盤下面地支星宿，請看第一個最強的「本氣」即可，其餘第二、三個星宿請先忽略不看！）

從表中可以清楚看到，「年柱是甲戌（戊）」，月柱是「己巳（丙）」，日柱是「庚子（癸）」，時柱是「丁、丑（己）」，八個陰陽五行中可以統計如下：

年	月	日	時
偏財	正印	命主	正官
甲木 戌土	己土 巳火	庚金 子水	丁火 丑土
戊辛丁	丙戊庚	癸	己癸辛
偏印	七殺	傷官	正印

木×1，火×2、土×2、金×1、水×1。很明顯的，火和土較旺，木、金、水都只有一個，偏弱，因此在名字的選擇上，建議先考慮選用「木、金、水」三者相關的五行字音和字意，來補足八字命局中五行的失衡。

八字命局的核心「命主」和十吉凶星宿

在八字命局中八個陰陽五行基因元素中，有一個元素非常重要，（也就是「出生日的天干」，）一般稱之為「本命元神」，也稱為「日元」、「命主」、「元神」，它可以說是「四柱八字」的核心，代表著一個人最基本的內在「本性」。

以上述的例子而言，其命主就是「庚金」。命局中顯示一個人今世吉凶禍福的十吉凶星宿，都是由此「命主」和其他五行生剋關係延伸出來的。

一般而言，十天干或是命主並不能論述「吉凶」，只是作為對其特性的瞭解，因為每一種陰陽五行組合都有其優缺點。

但是「十吉凶星宿」，卻能清楚顯示一個人今世可能遭遇的福報好運或是惡業凶運。

十吉凶星宿

簡稱：「財→官→印→比劫→食傷」，此順序即是其相生的順序，財、官、印又分「正、偏」。

全稱：「正財、偏財→正官、偏官（七殺）→正印、偏印→比肩、劫財→食神、傷官」。

吉星宿：正財、偏財、正官、正印、食神

凶星宿：偏印、傷官、劫財、偏官（七殺）

吉凶參半星宿：比肩

四柱宮位、大運和吉凶星宿的配合

四柱命局宮位各有其代表的意義，再加上每十年轉換一次的大運，我們可以明白地定義出，當某一四柱宮位或是大運中入有吉星宿，而且呈現旺相，那麼此一宮位即好運連連；反之，若有凶星宿落入，而且呈現旺相，就會產生許多波折厄運。

如上例，出生月

上天干為「事業宮——正印吉星」，

下地支為「命格宮——七殺凶星」。

此命局中，事業或學業上的發展是「正印」吉星，代表今世在這方面相當穩定、平順，具有從事如正印特質之行政、文書等管理工作的好運勢。

而命格是七殺凶星，表示此人在個性觀念上是非分明，做事情很果斷剛毅，學習能力強，但缺點是較衝動任性，容易和人起衝突，甚至會有意外的血光之災。

四柱分別代表的意義

年柱：根位，父母宮，一至十六歲的發展運勢大概格局。

月柱：苗位，事業、兄弟宮，十七至三十二歲的發展運勢大概格局。

日柱：花位，夫妻宮，三十三至四十八歲的發展運勢大概格局。

時柱：果位，子女宮，四十九歲以後之晚年的發展運勢大概格局。

四柱八字命理　基本命局 簡式命盤

□男 □女 姓名：	農曆出生：	四柱	根	苗	花	果
		出生	年	月	日	時
		主星			命主元神	
		五行 十 支 五行	**【父母宮，一至十六歲】**	**【兄弟宮，十七至三十二歲】**	**【夫妻宮，三十三至四十八歲】**	**【子女宮，四十九至六十歲以後】**
		副星				
		神煞星宿				

命格
主衰 口旺：
年空亡
日空亡
用、喜、閒、仇、忌

八字命盤基本介紹

一般八字命盤的基本格式為四柱命局，不含大運、十二神煞宮和六十甲子流年表。

如何取得八字星宿命盤

以前，要排出八字星宿命盤十分困難，一個初學者可能要花上幾個月的時間才學得會。這其中牽涉到節氣轉換、早子時、晚子時、年分的交替等許多小細節，甚至連許多命理老師若不小心看錯一個節氣，也很容易將八字命盤排錯。

但是現在拜電腦科技發達所賜，坊間已出現許多很不錯的八字星宿軟體，只要輸入出生年月日時，就能十分詳細的排出八字星宿命盤。所以近幾年來，老師很少在上課時教學生如何排組八字命盤，而是建議直接上網或是購買八字命盤軟體回來自行操作。這是時代進步的好處，而且程式排出的命盤絕對不會出錯，比自己翻書查表排出的命盤還要準確。

因此以下的單元，老師會直接教讀者學會看命盤。

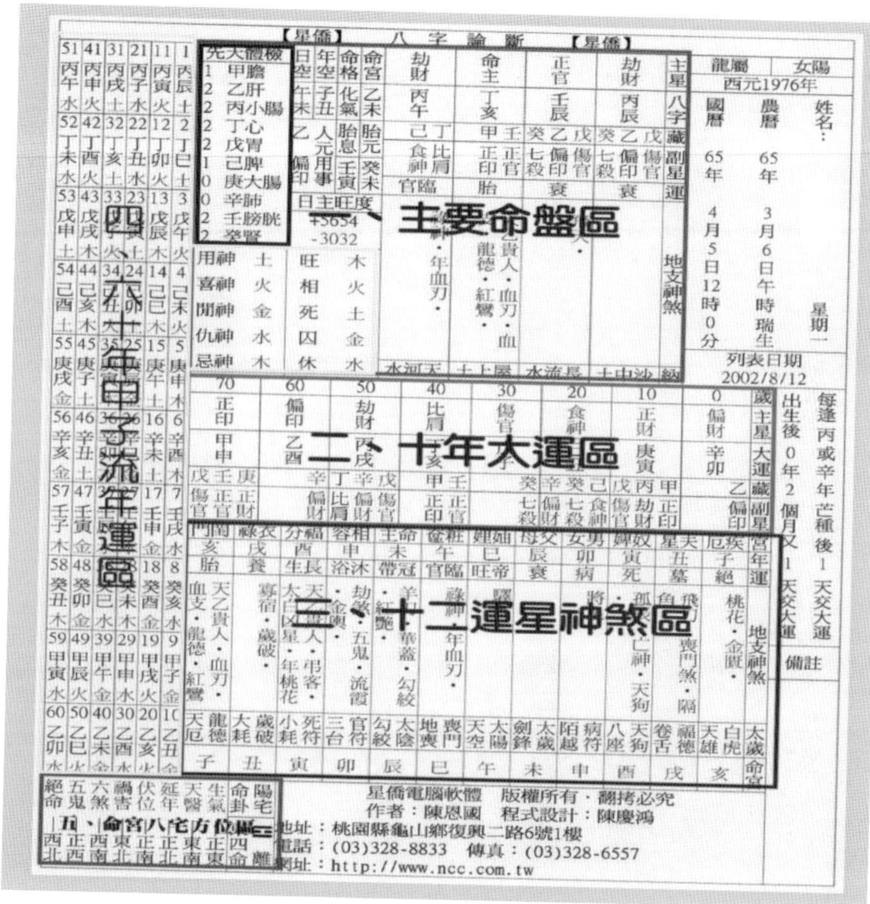
【星僑】 八字論斷 【星僑】
一、主要命盤區
二、十年大運區
三、十二運星神煞區
四、六十年甲子流年運區
五、命宮八宅方位區
西元1976年
列表日期 2002/8/12
星僑電腦軟體 版權所有．翻拷必究
作者：陳恩國 程式設計：陳慶鴻
地址：桃園縣龜山鄉復興二路6號1樓
電話：(03)328-8833 傳真：(03)328-6557
網址：http://www.ncc.com.tw

取得命盤的方式

一、上「易學佛堂」網站，列印免費的簡式八字命盤，網址：www.kunde.org.tw。或利用智慧手機上到Google Play或App Sotre搜尋「易學八字」APP，即可下載安裝此一八字命盤程式。

二、自行購買八字軟體程式，安裝後自行列印命盤。

三、電洽（〇四）二二〇二八二八三，或E-mail：kunde92@seed.net.tw或傳真到（〇四）二二〇二八二九〇，與佛堂師姐聯絡，她們會將八字命盤列印後，以傳真或郵寄的方式送給你。

四、以古早的老方式來排組命盤。不過，老師不建議初學者這麼做，但是若真想嘗試，請買一本「萬年曆」和老師八字中階的書，然後依照書中的方法一步一步排組。

五、歡迎讀者到「易學佛堂」網站下載八字程式試用軟體，但是這只有三十天的試用期。為了尊重著作權，維護著作人的權益和心血，若是想繼續使用這個程式，請直接與「星僑資訊公司」洽購。

十天干的象徵代表意義和特性

整個八字命理的研究，說穿了就是在「十個命主」、「十個星宿」這二十個基因元素上打轉。先前我們已經建立「排列組合」和「擬象法」的概念，也就是由這二十個基因元素各自所代表的特性和吉凶，經過了星宿間彼此的加減、剋制作用，以此來批論一個人今生的個性、行為、觀念和運勢吉凶的發展狀況。

在八字命理學中，先將所有的人分為「十大類」，以出生「日」做為區別，因此就有「十天干」的代表符號（代名詞）運用。

本命元神，既然稱為日主，就代表主導著一個人的「本質、本性」，以心理學而言就是「潛在個性」或「潛意識裡的意識」，以科學邏輯而言就是一個人的「磁場、磁性」。

這些十天干的本命元神，只用來瞭解一個人的「本性」，並不能用來判定吉凶。

甲木：最具有計畫性的特質

特質優點

本命元神為甲木的人，本性上具有樹木的特質。

從樹木向天空伸長的特性來看，甲木人富有上進心，會努力從現在所處的環境中圖謀更大的發展，做事態度一貫，凡事會事先規畫。

從樹木牢牢扎根於大地、不怕強風的特性來看，這種類型的人有毅力、剛直、意志堅強，即使遭遇到一些挫折也不會輕易放棄。

大致上說來，甲木人都很正直，非常討厭拐彎抹角，也極重視道德和面子，並且以穩健踏實為信條。對家庭有責任心，會像一棵大樹那樣照顧家人，為人不輕薄，做事不馬虎。而且不管做什麼事都很光明正大，很少會受到花言巧語的誘惑。能體諒別人，看到別人有困難時不會視而不見。

特質缺點

甲木人最大缺點是頑固、不易妥協、欠缺彈性、無法臨機應變。從樹木扎根於大地、無法隨處移動這一點就可以想像，甲木人往往過於剛強而容易被折斷，又因為樹大招風，在職場上很容易招引小人。

乙木：最具有適應環境的特質

特質優點

本命元神為乙木的人，本性上具有草本植物的特質。

從草本植物柔軟彎曲地生長、綻放出美艷的花朵的特性來看，乙木人柔順溫和，有豐富的表現力，能分辨並重視現實利益，隨時想在自己所處的環境中謀求發展。

而從草本植物對輕微風雨就反應敏銳的特性來看，乙木人腦筋轉得很快，不管處在什麼狀況下都能臨機應變，是高ＥＱ的代表人。

其他特徵是不屈不撓，具有協調性，不會堅持自己的意見。草本植物看起來很柔弱，然而在嚴酷的環境下也能生長，颱風來時就隨風擺動，被踐踏時只要根還在，就不會輕易枯萎。從隨風擺動這一點來看，這種人很有彈性，但也可以說是非常現實。

在金錢方面，會努力儲蓄，很少有浪費的情況，對錢財利益較為執著。

特質缺點

乙木人的缺點是性格怯懦、依賴心很強。雖然創造力豐富，但如果事與願違，就會自尋苦惱，進而喪失自信。另一方面，雖然表面上很謙虛，但是占有欲很強，是個精打細算的人。此外，會違背自己的心意和周遭的人妥協，就像「牆頭草，兩邊倒」的特質，也經不起誘惑、容易受騙。

丙火：最具有熱情開朗的特質

特質優點

本命元神為丙火的人，本性上具有如太陽般的熱情衝動和豪放不拘特質。

也就是說，丙火人性格開朗、直爽、熱情、慷慨大方。不會拘泥於瑣事，對事物的想法很明確，不鑽牛角尖，坦率不隱瞞。待人親切、寬大，通常能獲得他人的好感，是引人注目的人。

此外，丙火人精力充沛，對各種事物都很感興趣而積極地去從事，但有時會過於衝動，就像太陽的光芒普遍照拂大地上的萬物一樣，有時產生良好的作用，有時則引起不良的傷害。

另外，這種類型的人行動迅速，說話的速度也很快，理解力亦強，但是因為性急，對事情常會有所誤解。凡事都「黑白分明」，分得很清楚。

特質缺點

丙火人的缺點是性急、自以為是，而且有浪費的傾向。又因為有太陽升起時熱情如火、太陽落下時陰暗冰冷的特質，所以性情常飄忽不定，有時自高自大，有時慈悲心腸，因此朋友會來來去去。

丁火：最具有悶騷理性的特質

特質優點

本命元神為丁火的人，本性上具有燈火、燭火溫暖的性質，是與太陽不同的靜火。

這種類型的人溫和、保守、彬彬有禮而小有熱情。乍見之下，這種人的性格並不強，可是火要達到燃點之前，需要各種條件的配合，是屬於悶騷型的特質。那不是因為消極或沒有自信的關係，而是時機點尚未來到，溫度還不夠強。

另外，丁火人內心中也隱藏著改革特質，做事會較內斂用心、細心周到，會慢慢等待時機的到來，所以有時會讓旁人摸不著他內心的想法。

丁火人思慮深遠、行事謹慎，很少衝動行事。而且想法也極為縝密而前衛，計畫的事情大致都能完成，這正如同火達到燃點就能燒毀東西的特質。

此外，火會燃燒、犧牲自己而帶給周圍溫暖，同樣的，這種類型的人會對與自己有緣的人很親密，會為對方奉獻心力，甚至犧牲自己也在所不惜。

特質缺點

丁火人的缺點是火在未達「燃點」之前，熱情的本性會施展不出，因此有時會被誤認為兩面人。由於凡事考慮再三，不容易做出決定而失去機會，也很容易變成疑心病很重的人。

所以必須注意，不要考慮過多而「聰明反被聰明誤」。

還有，由於太過體貼對方的心情，所以不太會說真心話，縱使明知自己吃虧，也會難以拒絕對方的要求。

戊土：最具有固執不變的特質

特質優點

本命元神為戊土的人，本性上具有像大地、岩石那樣穩定不易變化的特質。就像大地或岩石不會突然發生變化，必須經過長年累月才會慢慢地變化一樣，戊土人豁達而穩重，屬於樂天派，嚴謹耿直，不好修飾。還有，這種人考慮事情很合情入理，不管做什麼事都會在鞏固基礎之後，才慢慢花時間去進行。由於這樣的性質，有時會錯過好機會，但是幸好本人不會那麼後悔，因為他很安於現狀。

但是，戊土人一旦認定一個作為、一個原則後，對任何人或事都深信不疑，所以就某種意義上來講，這類人最為頑固、難以溝通，然而正因為如此，也是最能貫徹信念的人。

綜合說來，戊土人為人和善、重感情，所以常會幫助別人或成為別人商量的對象。

特質缺點

戊土人的缺點是任性、過於以自我為中心。不知道是不得要領或是腦筋頑固，總是欠缺通融性，不會想去改變自己的行為、習慣、想法和原則。

還有，因為處理事情沒有彈性，容易使生活變得單調、枯燥。而且「來者不拒、去者不追」，對於許多事情比較不會積極去推動，所以往往被認為毫無趣味。

另一個大缺點是自尊心很強，又重視名譽，也常會經不起別人的奉承而受騙。

己土：最具有母親包容的特質

特質優點

本命元神為己土的人，本性上具有田土和泥土滋養萬物、包容萬物的特質。

田土或沃土吸收了充足的水分、蘊含各式各樣的養料，是培育各種植物的地方，所以己土人理解能力強、吸收力快，是個具有多才多藝的人。

同時，「土」為大地之母，因此己土人最具有「母性」的特質，敦厚、有愛心、容易憂心自己的子女，有時候占有欲也很強。

綜合說來，這種類型的人大多數穩重而善良，然而內心思緒卻非常複雜，會考慮相當多的細節，並不是他人想像中那麼好商量的人。

不過因為相當用功，經常會充實自己，在自我學習這方面得到的評價很高。此外，肥沃的田土或泥土具有柔軟、伸縮自在的特質，因此己土人很懂得因應環境、人事變化的道理，能謹守應對進退之道，對禮節也分辨得很清楚。

還有，不管做什麼事能很快就夠進入狀況，所以常會被委託處理較困難、複雜的問題。

特質缺點

己土人最大的缺點是具有很強烈的母性，使得個性有點保守、沒有主見、容易被左右，而且耳根軟，容易受拐騙。

很容易茫然失措，難以將精神集中在一件事情上，對於一些重要決定會有消極、容易妥協的傾向，失去理性客觀的判斷，容易遭人利用。

庚金：最具有講義氣衝動的特質

特質優點

本命元神為庚金的人，本性上具有如堅強、形狀不會改變的金屬，亦即刀劍等製品好鬥、好勝的俠客般正義性格的特質。

由於金屬、刀劍堅強、銳利，具有比任何東西強硬的特質，所以庚金人觀察很敏銳、剛毅、做事乾脆、意志堅強、個性不服輸。

另外，不管做什麼事都很積極、富有果斷力，但是卻會時常會顯得很衝動，因為這類型的人認為，與其花時間去煩惱問題，不如積極地去採取行動。

這種性格正如使用刀劍與人戰鬥一般，會毫不遲疑地往前猛刺拚鬥。

庚金人最為重視朋友間的義氣，富有正義感，討厭不公正和虛偽，具有俠義之心，看到別人有困難時會不由得想幫助對方，而當受到別人的恩惠時也會湧泉以報。

在專業能力方面來看，庚金人理解力強，為了成長、鍛鍊自己，會不惜一切去鑽研，所以大多能精通一種技藝，擁有專業能力，而且能夠學以致用。另外，庚金人能言善辯，口才很好。

特質缺點

庚金人的缺點就是愛面子、頑固不化、固執自我，自我表現欲很強。做事情粗枝大葉，常會忽略細微之處，尤其是面對自己不喜歡的人，會毫不留情地加以批評撻伐，因此也很容易樹敵而招惹小人，尤其因為講義氣，極容易被人利用。

辛金：最具有貴氣獨特的特質

特質優點

本命元神為辛金的人，本性上具有能隨意改變形狀的金屬，如金銀珠玉等的特質，也充滿著黃金般優雅的貴氣。

就像金銀珠玉會綻放出獨特的光芒，對於外在熱和電的反應傳導很敏銳一樣，這種類型的人感受性也很細膩，看待事情常有自己獨特的想法，對於各方面的人事都會很注意觀察。

為人親切、樂於助人，但有時會因過度心軟地去幫助別人，而使自己非常辛苦。

辛金人腦筋轉得很快，而且品格優良，深具一種優雅的迷人魅力，容易受到大家的注目。

不管做什麼事都很有要領，和任何人的交情都很不錯，可以說是八面玲瓏的人，但是實際上卻是好惡分明。

此外，辛金人自尊心很強、討厭丟面子，喜歡新事物，較重視物質上的享受、愛慕虛榮，為此甚至不惜花費金錢。

特質缺點

辛金人的缺點是任性，常堅持自己的主張而不退讓，而且很在乎自己的外表、有時為了講情面、重視朋友，對他人的請託難以拒絕，而顯示出意志薄弱的另一面。因為重視物質欲望，容易被金錢物質所引誘，自我克制力、做事原則都不強。

壬水：最具有奔放好動的特質

特質優點

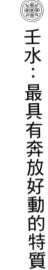

本命元神為壬水的人，本性上具有江河、大海般豪放不拘的特質，最具有動態、好動的特性。

正如江河、大海的水會不停地到處流動，四處匯聚所有的河流，融入各式各樣的東西一樣，壬水人也最能包容各種事物，「不執著」是其最大的特色，也因為如此，學習能力也最強。

壬水人悠閒樂觀、不執戀過去、充滿勇氣，對任何事都會熱情地參與，喜歡社交活動，不管在什麼地方都精神奕奕、引人注目。

對於工作事業壬水人會伺機靜待好機會的來臨，而且一旦抓住機會絕不會讓它錯過。

而且只要精神一來，任何困難都會加以克服，並達成目的。另外，這種人生性聰明，能不斷湧現靈感，文武雙全，也有擔當大任的領袖格局和手腕，能聚攏眾人的注意力。

特質缺點

壬水人的缺點是稍顯任性，很容易怠惰，也因為喜愛自由、討厭受到束縛，所以有時對事情會無法堅持到最後一分鐘，因此非常不適合從事一成不變的工作。也因為喜歡接受挑戰，而顯得缺乏定性。

還有，壬水人對於男女感情的事會特別投入，易受感情影響而失去理性的判斷。

而且也因為喜歡幫助別人，而讓自己備嘗辛苦、陷入窘境。

癸水：最具有細膩浪漫的特質

特質優點

本命元神為癸水的人，本性上具有雨露般迷濛和地下水的特質。雨露微弱而纖細，卻能充分地浸透、濕潤到物體之中，因此癸水人最為內斂沉穩、寧靜、纖細，做事態度勤奮又有耐性。

延伸這樣的象徵，這種類型的人內向、有潔癖、心性正直而踏實，但是相對而言，也顯得感情脆弱、有點神經質、喜歡幻想、擁有浪漫的情愫。

雖然重視規則和社會道德，但又會耽於空想或容易產生妄想，最是虛幻不務實的人。癸水人很富有同情心，也有冷靜而清醒的一面，且情感很細膩。在事業方面，會將內心的競爭欲望隱藏起來，所以外表上看起來非常溫和、不強求。

除此以外，這類人也相當重視生活的情趣，認為生活中要有夢想，很注重細膩的感情和感覺。

特質缺點

癸水人的缺點是心性最拘泥、放不開，很容易悲觀，凡事都往壞處想，幸好同時也具有耐得住痛苦的能力。

雖然個性很純真、浪漫，但是因為欠缺對於世俗的通融性，很容易會為芝麻綠豆般大的事操心。

生活上較重視精神上的感受，尤其是男女感情婚姻上，對於工作上無意義的事也會很在意，經常會過度深入地思考事情，以至於疑心生暗鬼，陷入多疑不安的情緒中。

日主十天干命主的五行物性、人格分析總表

天干	五行	屬性	物性	優點	缺點
甲	木	仁	大樹	富有上進心、有毅力、正直、不馬虎、不輕薄、能助人、能體諒人、有責任感。	頑固不知變通、欠缺敏捷性、過於主觀、過度干涉別人、超過臨界點後會崩潰。
乙	木	仁	小草	柔順溫和、有豐富表現能力、反應靈敏、具有協調性、不會堅持己見、善於管理錢財、有最佳情緒管理能力、韌性超強。	非常現實、占有欲強、較有心機、會為了自身的利益傷害別人、易失去自信、怯懦、依賴、經不起誘惑。
丙	火	禮	太陽	開朗、直爽、慷慨、待人親切、理解力強、精力充沛、做事積極、容易引起好感。	性急易衝動、喜怒無常、對感情善變。

天干	五行	屬性	物性	優點	缺點
丁	火	禮	燈火	溫和有禮而小有熱情、思慮深遠、行事謹慎、能奉獻犧牲自己、內斂。	不善拒絕別人、容易猶豫不決而失去良機、好猜忌、易聰明而反被聰明誤。
戊	土	信	大石	豁達穩重、個性耿直、樂天、思考合情入理，有計畫和條理、重感情、肯助人。	任性頑固、以自我為中心、欠缺乏通融性、無趣、喜好奉承、好面子、不積極主動。
己	土	信	田土	理解力強、多才多藝、能深入瞭解問題、有彈性不固執、好學。	心思複雜矛盾、心思不易集中、有消極妥協的傾向、心軟容易受利用。
庚	金	義	刀劍	剛毅不服輸、積極果斷、富有正義感、不虛偽、善於表現、口才善辯。	率直易得罪人、衝動易與人衝突、自我表現欲強、對事粗率不細心。
辛	金	義	珠玉	對事物感覺敏銳、親切有同情心、喜歡創新、人際關係好、善惡分明、具有獨特想法。	愛慕虛榮、任性、很在乎外表、易貪求名利而失去理性、意志薄弱經不起要求和打擊。
壬	水	智	大海	率性好自由、悠閒而樂觀、有勇氣智慧、面對困難不退縮、文武雙全、具有領導能力。	任性、易偷懶怠惰、對事不易堅持、對異性感情心思過多。

癸	水	智	晨霧	重視生活規則和社會道德、有潔癖、內向、做事勤奮有耐性、思想純真、個性溫和細膩冷靜。	心性拘泥、不切實際、易悲觀、感情脆弱、有點神經質、太注重生活情趣和感覺。

知道自己的本命元神磁性為何，是非常的重要。可惜的是，因為八字命理學一直被藏私、不受推廣，以致一般人很少瞭解八字，更不知道自己的本命元神是什麼。

相較之下，幾乎所有人都知道自己「生肖」。其實，「生肖」只是八字中的一小部分而已，老師認為，既然「生肖」都可以這麼廣泛流傳，那麼「命主」、「本命元神」等常識更應該被告知和流傳，因為在八字中，「命主」的重要性遠大於「生肖」。

知道自己的日干「命主」是什麼，是我們要學習八字、推廣八字的重要一步。

十吉凶星宿的意義特性

八字命理也用以下十個「星宿」來代表一個人一生中的種種，如性情、品行、道德觀、幼年生活、學業、感情、事業、官運、婚姻、興趣、健康、意外災厄、祖先餘蔭、累世業障等等，以及所會面臨的吉凶、運勢衰旺等。

十吉凶星宿（傳統八字命理學中也簡稱為「十神」）名稱如下：

財→官→印→比、劫→食、傷，此排列方式是其相生的順序。

正財

【特性代表】盡忠職守的老管家、會計、保守的太太。表穩定的工作，特別表示為男命的「太太」、「婚姻」。象徵守舊派、最謹守道德、重視金錢物質，做事缺乏動力，是最優秀的助理和維護者，占有欲強。最怕「劫財」來剋害。

特性優點

為人正派、誠實、態度穩重、講信用，不會出賣別人。這種星宿類型的人，不會做自己能力所不及的事，不會好高騖遠，能嚴守分際，重視踏實而安定的生活，立定目標後也不會三心二意。過著勤奮而節約的精神，能刻苦耐勞，處在逆境之中也不會逃避。很有家庭責任感，重視家人，處在任何環境都知足常樂。

特性缺點

因為太過重視金錢物質，有時會被認為吝嗇而不近人情。因為過於謹慎而欠缺魄力，並有「忽冷忽熱」的性格。還有，由於過於謹守本分，因此生活中缺乏刺激、變化，欠缺人生樂趣。

不管做什麼事都很少有自己的主見，所以無法臨機應變，有時會被嘲笑為憨直、遲鈍，也因為太過拘泥於瑣碎的事情，常會因小失大。

適應性、適合的職業

八字命局中若命格是正財格，或是命局中正財星宿透干過旺有兩個以上的人，講信用，工作努力，但是有金錢物質為上、較不重視精神生活的傾向。

換句話說，此種人重視眼前的利益，是缺乏浪漫情懷和夢想的現實派人物。

這種人對於開創事業方面非常感興趣，但絕不冒險，會考慮到節省無謂的浪費，以安全可靠的方法獲取實際利益。

在人生方面，不會思考更深層的精神意義，或追求特別的目標，也不會違逆一般的社會道德要求。

適合從事正直穩定的相關工作，如行政管理人員、公務人員、教師、店員、銀行行員、會計、會計師、代書、不動產鑑定人，或一般的工商業。

偏財

特性代表：人緣最佳的專櫃小姐、業務人員、投資專家、女朋友。

表意外的收穫和投資，特別表示為男命的「女友」、「感情」。

象徵人緣佳、口才好、喜歡人群、最佳業務公關人才，喜歡投資，物質欲望最強。最怕「比肩」來剋害。

特性優點

不管做什麼事都速戰速決，行動之前比較不會多方考慮，雖然性子急躁，但精力充沛、能把握住機會，也是個樂觀主義者，不會執戀於過去。

人緣極佳，說話也很有技巧，非常有外交交際手腕，凡事都能以彈性的態度而臨機應變，具有積極而不屈不撓的精神，對於有興趣的事情會堅持到底。

個性坦率、不拐彎抹角，富有人情味，喜歡幫助別人，人際關係很好，對錢財較慷慨大方，有很多賺錢投資和與異性邂逅的機會，常有意外收穫。

特性缺點

因為性格坦率、對錢財不執著，因而有浪費的習性。由於喜歡社交活動，而且會同時進行幾件事情，因此無法專一集中精神，生活型態也極不穩定。

另外，因為擅長外交辭令和應酬，常輕易承諾、攬下做不到的事，而在事後遭人批評。

這種星宿類型的人也會容易有異性桃花，常為男女感情困擾而消瘦，甚至會掀起家庭風波。

適應性、適合的職業

八字命局中若命格是偏財格，或命局中偏財星宿透干過旺有兩個以上的人，做事積極有行動力，但也常希望能不勞而獲，不會節儉一分一毫地存錢，比較注重如何有效地賺錢、開拓財源收入，較善於運用金錢，買賣時也很會討價還價，對富有變化投機的生意很感興趣。

這種星宿類型的人追求物質欲望重於精神層面，喜歡追求新鮮的刺激，但同時也很懂得人情世故，喜歡幫助別人，所以日子過得很熱鬧快活。

由於認為人生是享樂的過程，所以奉行「當讀書、工作時就好好地讀書、工作，玩樂、熱鬧時就好好地玩樂」的原則。

對於大目標或屬於動態的事物，會比瑣碎事情或屬於靜態的事物來得感興趣。

適合從事業務行銷的工作，如專櫃銷售人員、保險經紀人、公關人員、仲介業經紀人、貴重金屬珠寶買賣，或是廣告、娛樂、旅遊等服務業，以及流動性、活動性高的職業。

正官

特性代表：重視道德形象的法官、行政主管、爸爸、先生。表學業、官運和事業，特別表示為女命的「先生、婚姻」。

象徵守舊正直、負責任、拘謹、沈靜穩重，具有管理領導的特質，但固執不易溝通。最怕「傷官」來剋害。

特性優點

沉穩、鎮靜、謙虛而正直、重信用、光明正大、富有責任感、凡事一絲不苟、言行一致。很重視名譽、愛面子，自尊心也很強，即使遭遇困難也不會說洩氣話或是放棄原則，而且嚴以律己，有理智、守本分，偏重過著充實而合理的精神生活。

生活很有規律，在行為處事上合法、合理而有計畫，不管做什麼事都能得到適當的成果。此類型星宿的人行為端正、品格高尚，不喜歡粗鄙或卑躬屈膝的態度，也不善於逢迎拍馬，但卻能獲得大多數人的尊敬、信賴，自然而然就會處於肩負重責大任的主管地位。

特性缺點

很少積極地展開行動，行事態度保守，有時會因工作或生活的負擔加重而無法消除內心的緊張。由於太過重視地位和道德，常會選擇安全而可靠的一面而喪失某種理想。有時也會被人批評為傲慢、自尊心太強等。

還有，因為太過於遵守規則，所以也會被批評為不知變通或過於頑固。

由於有強烈的責任感，很害怕失敗，因而非常優柔寡斷，錯失不少好機會。又因為不喜歡浪費、節儉過度，也會給人一種生性吝嗇的負面印象。

適應性、適合的職業

八字命局中若命格是正官格，或命局中正官星宿透干過旺有兩個以上的人，擅長掌握工作事情的重點，能有效率且迅速地選擇安全可靠的方法處理，討厭浪費、重視效率，一旦下定決心，就會迅速地付諸行動。

容易對政治表示關注，具有優秀的行政管理能力，在太平之世善於經營、組織，算是比較保守型的主管人物。

這種類型的人凡事都會經過仔細考慮才行動，絕不會魯莽衝動，說話方式和態度也比較明確，富有理智、深謀遠慮，具有協調、管理和統率能力。

適合從事行政管理、公務員、銀行員、政治家、學者、事業家、司法官、律師等嚴肅的工作，或類似公司、團體的高級職員等這類注重組織營運管理的職業。

偏官（又稱為七殺）

特性代表：遊走法律道德邊緣的刑警、業務主管、男朋友。表學業、官運和事業，特別表示為女命的「男友、感情」。

象徵好動積極、有鬥志、正義感、遊走道德和品格邊緣，具有開創性領導的特質，但衝動且缺乏理智。

特性優點

不服輸、性子急、一刻也待不住，不是在工作就是在思考，富有進取的精神，覺得有價值的事會立即吸收，同時積極地展開行動。

這種星宿類型的人，具有鋤強扶弱的俠義心，明知危險也會果斷地去面對，也有因率性、講義氣而輕易攬下非能力所及事情的傾向，因而常導致自己灰頭土臉。

與人交往時絕不會虧欠人情，常會幫助別人，性格直爽、愛面子，話一旦說出口，就算赴湯蹈火的事也會去做。

不喜好妝扮也較不重禮節、規矩，儘管比較不在意修飾，但會自然散發出一股威嚴之氣。

具有旺盛的執行能力和改革的精神，會採取與一般人不同的方法來開拓新局面，很容易對平凡的手法或現有的事物感覺不滿，並擁有突破逆境的積極力量。

特性缺點

有時會因為採取急遽的行動，而難以被人瞭解接受，也不易交到長久的朋友，甚至還會因一時的衝動而破壞友情，或與好朋友反目成仇。

由於競爭意識強烈、不服輸，很容易樹立敵人。一旦對現狀覺得不滿，就會立即訴諸行動來改變，因此一生當中的起伏變動非常大。

因為很在乎面子，不希望別人知道自己的缺點，所以即使很勉強，也會隱藏困難的狀況，如果能因此步入正途，就能獲得地位、名利，自尊心、面子也能得到滿足。

但是如果走上歧途，可能會因做出違法的行為而有官司的災厄，或因為詐欺而遭人指責，甚至被公司開除。

適應性、適合的職業

八字命局中若命格是偏官、七殺格，或命局中偏官、七殺星宿透干過旺有兩個以上的人，這種類型的人充滿勇氣和野心，不畏懼困難，會積極地朝向大目標邁進，討厭平凡而沒有刺激的生活，甚至會為了達到目的而不擇手段。

這種人對政治也很感興趣，具有行政統率能力，在亂世時能發揮很大的實力，可說是進步而具革新思想的鷹派人物。

自我表現欲望強烈，喜歡可以發揮自己能力的工作，具有一致強烈的思想，能敏捷、迅速地處理事物，但是講究實力重於理論，往往會有以權力壓迫他人的傾向。

具有果斷下決定的能力，也很善於個人表演，所以適合從事與政治或業務有關或具開創性、活動性高的工作，如業務行銷主管、自行創業、保險直銷、警察、貿易、土木工程、航空等職業。

正印

特性代表：溫暖慈悲的老媽媽、宗教家。

表母親般的慈悲，為力量的根源、因果的來源。

象徵保守、穩重、優柔、有愛心、肯付出，重視精神層面和宗教修持的信仰。

特性優點

溫柔體貼、寬容、耐力強、充滿人情味，態度也沉穩、鎮靜，對他人的冒犯不會耿耿於懷、生性和善，即使是仇人也會予以原諒，不會懷怨在心。

這種星宿類型的人，不會做出殘忍傷害人的事情，也不喜歡看到殘酷的事，物質欲望不強，所以一生幾乎不會遭遇大起大落、悲痛殘忍的情況，而能過著安定、幸福的生活。

非常重視精神上的充實修養，喜好高尚有氣質的事物，討厭和粗野、不禮貌的人交往，對家庭有強烈責任感，具有標準賢妻良母的個性。

也非常相信天道或人世公理法則，及宇宙累世間的因果循環，有極高的宗教心。

特性缺點

由於過於保守而容易產生依賴心，也易於養成怠慢、懦弱的習性，想法有時會脫離現實，甚至有點膽怯沒擔當，所以非常不適合從事開創性或具有挑戰性的工作。

凡事都只會往好處想，只是如結果不如預期，就會失望自責，因此是在雙親的庇護下嬌生慣養長大的人，出了社會，會有無法分辨善惡真相或利害關係的缺點，對於事業工作會有不積極的態度，只適合副手的職務，對於名利會有愈來愈不感興趣的傾向。

適應性、適合的職業

八字命局中若命格是正印格，或命局中正印星宿透干過旺有兩個以上的人，待人親切溫和、做事保守、一絲不苟，重視道德與倫理，能平和沉穩地掌握情況的發展，而做出適當的因應處理。

喜歡參加具有社會意義的運動，對於宗教的事物很感興趣，不過也很容易一頭栽進某些思想、哲學或宗教的執著中，雖然具有先見之明，但常因考慮太多而失去很多好機會。

重視精神層面，對社會動向也表示關心，所以適合擔任副手行政工作，偏屬於靜態管理、研究類型的職務，對於社會公益、宗教修持也很適合，如學者、研究家、藝術家、宗教家、教師等研究的工作。

偏印

特性代表：重視內在思考的創作家、文學家、哲學思想家、後母。

表後母，為藝術創造的泉源。

象徵不安全感、神經質、保守、內心孤獨、自我偏執，適合藝術、手藝的創作，但需有一個穩定信任的支持力量。注重內在精神的追求、哲學信仰或創作的興趣。

特性優點

心思細膩、感受性很強，善於察言觀色，所以處理事情不會疏忽大意。

做事態度機敏、警戒心強，而且不容易說出真心話，習於壓抑感情，喜怒哀樂不形於色，會堅守祕密。主觀意識很強、個性倔強，但是很有個人的創意，不喜歡一般世俗的事物，擁有獨特的嗜好和生活方式。

此外不管學習什麼，不會止於死記，而會去體會其內涵以提升自我。因為具有優異的理解力，所以困難的東西都能夠迅速學會，是具培養專業技術能力的好特質。

特性缺點

因為思緒纖細，容易思慮過度，即使已經下定決心，還是會三心二意。

稍微欠缺耐心，心思也易浮躁不安，心裡雖想把事情盡快處理好，但很少能夠成功，有「事倍功半」的傾向。

不喜歡平凡，有標新立異的心態傾向，很難接受一般世俗的想法，經常想要追求特殊的事物，因此給人一種獨具風格的印象，有時還會被稱為「怪人」。

性格多半內向，時常喜歡孤獨一人，具有多疑猜忌和自閉的一面，也會為瑣碎的事自尋煩惱，比較不善於與人交往，寧可獨自沉思，也不願與眾人同樂，常與家人的意見不合，有與他們疏遠而陷於孤獨的傾向。

因為過於傾向內在精神的思想，很容易陷於「鑽牛角尖」的束縛中，而造成精神上的自我傷害和對生命的懷疑，而有灰暗自殘、自殺、被害妄想等精神疾病產生，有嚴重憂鬱症、躁鬱症、自殺的潛在危險。

適應性、適合的職業

八字命局中若命格是偏印格，或命局中偏印星宿透干過旺有兩個以上的人，能集中注意力從事設計或創作，也富有臨機應變的才能。不過也很容易一頭栽進宗教、思想、哲學之中，追求特殊的中心思想，希望在精神方面達到高人一等的境地。

具有強烈的個人主義色彩，不喜歡去迎合社會一般的世俗或道德觀念，個性有時孤僻古怪，不受社會常規所拘泥。

通常事情要有很大的報酬或利益，才會努力不懈地去做，否則就會怠惰、逃避。

由於是獨來獨往的類型，所以極適合從事個人工作室類型的工作，如電腦程式設計、美工多媒體設計、美術、雕刻、花藝、詞曲等文學創作，或需要獨特技術性的職務，如外科醫生等，此外歌舞、戲劇、藝術、特殊技術、廚師、神祕學、命理學、宗教等自由業也相當適合。

比肩（又稱為建祿）

特性代表：單純樸實的農夫、喜歡單一固定，表同輩的兄弟。

象徵任勞任怨、能堅持、重兄弟朋友間的感情，生活欲望單純，對單調工作能持久，想法不複雜，不過自我觀念執著。

特性優點

這是我行我素、貫徹初衷的類型，思想單純，一旦決定的事，不會輕易去改變，自尊心強、不服輸，凡事都以自己的想法或價值觀為標準來加以判斷。

非常瞭解自己，絕不會做出不合理的事，和朋友交往也重視實質上的情義，會和朋友保持適度的距離。由於對生活欲望不高，凡事都能務實、果敢地面對，同時也很堅持自己的立場，會為達成目標而不斷付出。

特性缺點

因為想法單純，所以較欠缺協調性。凡事都以自我為中心，無法以對方的立場考慮事情，因此經常會與人起爭執。

對人的好惡也很明顯，縱使朋友很多，但真正瞭解自己的卻少之又少。

對部下、晚輩及親人要求很嚴格，甚至有寡情的傾向，常被指責為沒有人情味或狂妄自大，所以這種人很難建立良好的人際關係。

這種類型的人外表上看起來很開朗，或好像很謙虛，心中卻是焦躁不安，有時也會想擺脫現實世界，遺世獨立的自己一個人生活。

適應性、適合的職業

八字命局中若命格是比肩格，或命局中比肩星宿透干過旺有兩個以上的人，有獨立自主、不依賴人的精神，自尊心也很強，對自己的看法和判斷力極有自信，不管做什麼事都不會和人商量或依賴別人，總是由自己決定，而且一旦決定之後就會貫徹初衷，達成目的才會終止。

獨立心強，會想離鄉、憑自己的力量去開拓命運。由於有很強的自我主張，所以可以很明顯地看出朋友合得來或合不來。

適合從事勞力付出或是固定不變的工作，不喜歡過於複雜多變的工作，如作業員、技術員、駕駛、科學實驗研究、傳教等工作。

劫財（又稱為羊刃）

特性代表：最佳才藝表演主角、演說家、商業奇才。

表同輩的姊妹，字面意思就是劫殺「妻」、「財」。

象徵對於妻子和錢財都極為不好，有機巧靈活的小聰明、反應伶俐、口才好、較貪重財色、容易破財。尤其以男命來論，桃花異性緣重。對女命而言，天生多疑好幻想、沒有安全感，又容易因為貪小便宜而破大財。

特性優點

很有表演的才華，在任何地方都會吸引別人的注意，動作誇張、饒舌雄辯、態度積極幽默，具有吸引人的能力和魅力。

在社交場合中，擅長製造愉快的氣氛，善於察言觀色、掌握人心，所以通常能獲得許多人的認同。此外腦筋動得很快，心中所想的事能夠臨機應變，迅速地採取行動。

屬於能廣泛採納意見，並且有效加以利用的演說家。有時外向而好動，有時又略帶憂鬱，變得感傷。野心很大，常因為不服輸而想要得到利益，所以害怕失敗，就算過得很辛苦，也不願讓人知道其窘境。

特性缺點

外表雖然看起來很樂觀，內心卻常為矛盾所苦，有時也很神經質，有幻想的傾向。因為不認輸、利欲重，有時會嫉妒別人的成功，會因為利益的誘惑而出賣朋友或家人。

野心過大，會為了急於求功而魯莽冒險，不是無法收拾殘局，就是因為判斷錯誤而慘遭失敗。

這種星宿過旺類型的人，會為達目的而不擇手段，有時甚至把房子等財產都會拿來當賭注，而發生慘痛失敗的厄運。

還有，因為欠缺保守理財的經濟觀念，有時也會為了與兄弟或朋友交際，而犧牲掉事業工作。

對於男女之間的情色欲望也很強烈，喜歡肉體上的情欲接觸，或酒精、毒品、迷幻藥等肉體上的欲望享受，尤其是男性，常會以家庭以外的生活為重，對異性多情而大方，不太顧及妻子及家庭的責任。

適應性、適合的職業

八字命局中若命格是劫財格，或命局中劫財星宿透干過旺有兩個以上的人，會致力追求名利欲望，具有很強的行動力，而且生性好動，自尊心極強，對於自己的看法相當自信，由於具有適應社會變化的能力，因此行為舉止都會很大膽、靈活。

不適合樸實、單純、穩健的工作，適合從事投機、業務、投資、演藝的相關工作，或藝術、娛樂、美容、服務業、運動、政治等較具有競爭性的工作，及能燃起鬥志、有極大利益誘惑的職業。

食神

特性代表：第一福神財庫、溫和的千金小姐、美食家。

表女兒，為最佳的福祿之神。

象徵性情溫和、有福相、最有口欲的享受，中道敦厚不強求，心性略高傲。最怕「偏印」來剋害。

特性優點

性格溫和有風度、不喜與人爭，態度沉穩、優雅，性情清新不俗，樂觀，不會自以為是，能透過各種情況，和緩掌握事物的發展。

由於重視生活情趣，所以興趣極為廣泛，喜歡美食、音樂或美術鑑賞，會多方面尋求精神的文柱。

性情感性豐富，對流行的事物的感覺很敏銳，在衣、食、住、行等經濟方面不會有所欠缺。

非常重視精神和物質兩方面的調和，凡事會長遠計畫、逐步實行，絕不會輕率地展開行動。

特性缺點

雖有耐力但體力不繼，很容易覺得疲勞，凡事都會考慮再三，有時則不免陷於空想或妄想，如果情況不如自己所預期，就會悶悶不樂而頭痛。

想法很清高，不知不覺中就會變得越來越自負，有利己主義的傾向，對自己的嗜好、興趣非常容易著迷、陷溺其中。

喜歡美食，常吃零食，如果消化系統強，就會肥胖；反之就會引起消化不良的症狀，而變得瘦弱。

這種星宿過旺的人不喜歡有太大壓力而受到拘束，品味奢侈，生性軟弱，有時喜歡多嘴熱鬧，但內心卻很空虛、容易感到孤獨，因此為了解悶，會陷於男女情欲或是飲食享樂之中，因而危害到身體健康。

適應性、適合的職業

八字命局中若命格是食神格，或命局中食神星宿透干過旺有兩個以上的人，善於聆聽，不太會積極地表達自我的主張，也不會很賣力地工作，非常重視感性和自己所喜歡的方式，會不斷地追求喜悅，以自己的品味、興趣、好惡來決定一件事情的價值。

凡事都憑自己的感覺來掌握事物，而視理論、道理為其次，會以自己的方式專心從事一件事，比較不太注意社會的動向。

個性不堅定、常猶豫不決，但富有理解藝術、電影、音樂、戲劇等方面的才能，喜歡過著從容、和平、圓滿的生活方式。

因為現實的經濟生活大多能得到滿足，所以名利欲望不強烈，適合從事穩定而略有品味的工作，如餐飲、藝術、農業、畜牧、服飾、觀光、美容、服務業，或自己能「樂在其中」的職業（比如開家小咖啡屋或精品店等）。

傷官

特性代表：才智第一的工程師、任性的大少爺、改革家和修行者。

表兒子，為智慧創造之最佳代表。

象徵高傲、聰明、不服輸、尖牙利嘴、得理不饒人、ＥＱ超低，但是學習能力強、反應快。

一般而言字面意思就是「傷害正官」，因此直接剋害「先生」和「事業」，不適宜從事過於單調、呆板的文書工作，因為言語犀利，容易沖犯長上，所以對於升官非常不利。也因此對女命而言，因為容易與先生、情人起衝突，故在感情、婚姻上會多有變化波折發生。

特性優點

理解力強，通常會給人一種頭腦敏銳的印象，很有自己的個性，也很喜愛搶風頭，能言善辯。

極度有自信、自負不服輸，認為沒有什麼事是自己做不到的，想得到的東西，沒有一件自己得不到的。

傷官大多是很有才能、容姿端麗的人，往往非常自負，不管做什麼事都不想輸給別人，縱使表面上看來很恬靜，但內心卻充滿活力和鬥志。

這種星宿過旺的人是「理想主義者」，因為知識淵博又自負，所以對於社會的期許很高，是個標準的「革命家」和事業的開創者。

特性缺點

雖然博學多識但興趣過於廣泛，以至會有「鼯鼠五技而窮」的大缺點。還有由於太過自信，有時會做超過自己能力範圍的事而慘遭失敗。

這種星宿類型的人極易恣意妄行，很難適應社會的道德習慣，所以有時會被認為任性、叛逆、傲慢和古怪。

會為了達成心中的理想而不擇手段，只考慮到自己的立場，而常忽略了他人的感受和損失，或相反地極端地愛管閒事，憤世嫉俗、看不慣不平的事。

雖然原本是出自好意，卻往往會把事情弄僵，眼睜睜看著即將完成的事毀在自己手裡。

適應性、適合的職業

八字命局中若命格是傷官格，或命局中傷官星宿透干過旺有兩個以上的人，有敏銳的表現能力、多才多藝，凡事都會大膽著手進行。不過由於主觀性很強而且好惡分明，不管任何事都不會迎合別人或向人妥協，容易提出批判性的說詞或對人反感。

常會為理想和現實的無法平衡而感到苦惱，在很多方面都會心生不平和不滿。不喜歡平凡的生活方式，討厭受到他人的束縛，在人際關係上也顯得很極端，所以非常不適合呆板、官僚、守舊不變化的工作，如行政管理、助理、會計、公務員等，應多選擇能自由發揮自己才能的職業。

因為才智過人、靈感旺盛，所以對於技術專業性高的工作很能勝任，適合從事創業家、企畫人員、工程師、設計師、醫生、製作人、評論家、演員、歌舞人員、採訪記者、電視節目主持人等發揮辯才和個性的職業。

也非常適合於成為社會運動的改革者，或超脫於世俗道德的宗教修持者。

十星宿特性吉凶分析簡表

十星宿	主要代表事務範圍	優點	缺點
正財	穩定工作、財富、男命姻緣	最優秀的助理和維護者，為人正派、誠實、態度穩重，能刻苦耐勞。	重視金錢物質，做事缺乏動力，生活中缺乏刺激、變化，過於平凡，欠缺人生樂趣。
偏財	投資財富、人緣、事業、男命女友桃花	人緣佳、口才好、喜歡人群、最佳業務公關人才，喜歡投資，物質欲望最強。	生活型態極不穩定，容易有異性桃花，常輕易承諾而攬下根本做不到的事，追求物質欲望重於精神層面。
正官	讀書智慧、考運、事業、女命姻緣	沉穩，鎮靜，謙虛而正直，行為端正，品格高尚，富有責任感，凡事不馬虎，具有行政管理能力。	不知變通或頑固，因害怕失敗而變得優柔寡斷，傲慢嚴肅、生活呆板不浪漫。

十星宿	主要代表事務範圍	優點	缺點
偏官	讀書智慧、考運、事業、女命男友桃花、意外、病厄	溫柔體貼，寬容，耐力強，非常重視精神上的充實，喜好高尚有氣質的事物，物質欲望不強。	不好妝扮，也不重禮節、規矩，易衝動、不服輸，很容易樹立敵人，會為目的而不擇手段。
正印	慈悲、天生母性、信因果	沉穩，鎮靜，謙虛而正直，行為端正，品格高尚，富有責任感，凡事不馬虎，具有行政管理能力。	過於保守，容易產生依賴心，膽怯懦弱，不適合從事開創性或挑戰性的工作。
偏印	多疑、惡因果、女命惡姻緣、才藝	能集中注意力從事設計或創作，也富有臨機應變的才能，具有優異的理解力，所以困難的東西都能夠迅速學會，是個培養專業技術能力的好特質。	性格內向，其有多疑猜忌的一面，會為瑣碎的事自尋煩惱。不安全感、神經質、保守、內心孤獨、自我偏執，有灰暗自殘、自殺、被害妄想等精神疾病產生，有嚴重憂鬱症、躁鬱症、自殺的潛在危險。

十星宿	主要代表事務範圍	優點	缺點
比肩	單純、韌性、破財	任勞任怨、能堅持、重兄弟朋友間的感情，生活欲望單純，對單調工作能持久，想法不複雜。	因為想法單純所以較欠缺協調性，凡事都以自我為中心，由於無法以對方的立場考慮事情，經常會與人起爭執。
劫財	重欲望、情色、破財、男命惡姻緣、才華	很有表演的才華，在任何地方都會吸引別人的注意，善於察言觀色、掌握人心，所以通常都能獲得許多人的認同。	過於重視追求名利欲望，會嫉妒別人的成功，會因為利益的誘惑而出賣朋友或家人。男女之間的情色欲望也很強烈，喜歡肉體上的情欲接觸，以男命來論，桃花異性緣重，女命而言，天生多疑好幻想、沒有安全感。
食神	福神財庫、美食、品味興趣	最佳的福祿之神，性情溫和、有福相、最有口欲的享受，中道敦厚不強求。	凡事都會有再三考慮的習慣，有時則不免陷於空想或妄想，對自己的嗜好、興趣非常容易著迷、陷溺在其中。

十星宿	主要代表事務範圍	優點	缺點
傷官	才能第一、破壞改革、女命惡姻緣	智慧創造之最佳代表，學習能力強、反應快，對於社會的期許很高，是個標準的「革命家」和事業的開創者，是超脫於世俗道德的宗教修持者。	極易恣意妄行，很難適應社會的道德習慣，所以有時會被認為任性、叛逆、傲慢和古怪。對女命而言，也因為容易與先生、情人起衝突，故在感情、婚姻上會多有變化波折。

第四章 筆畫八十一畫數之靈動吉凶

○吉　△吉凶參半　×凶

筆畫一至十數之靈動吉凶

○1（安泰）

為萬事萬物的基數，表示為最大的吉祥數。

不過一般人恐怕沒有福報來承受此數的吉運，所以要慎取。

但若有取用，可超越自己的能力而成大功，可得健全、富貴、名譽、幸福等吉運，到晚年皆可安泰。

×2（破滅）

為混沌未定不明的凶數，會有大凶的惡運發生。

表示為人無獨立自主的力量，沒有進退的自由。
容易發生內憂外患的破亂，也常苦於不安動搖的厄運。
如再有其他凶數者，甚至可能造成短命。
為破滅的凶數，一生願望難達成，一生辛苦不絕。

○3（慶福）

此數為陰陽抱合、萬物成形圓滿的現象，表示吉祥慶福，有成功發達的好兆頭。
為人智慧通達靈敏，有領導主管的才能。
可享有自然的幸福，名望利益兩雙全。
能成大事大業，榮華升遷有望，名譽幸福無窮的吉數。

×4（破壞）

此數為破壞的大凶數，有滅亡的凶象。
沒有進退的自由，和獨立自主的能力，命運多辛苦艱困。
若與其他凶數一起，可能會造成發狂，甚至短命夭折。
或是有行為放蕩，事事破滅逆難，有可能成為無用之人的凶象。

但是孝子、節婦或怪傑、特殊成就之人等，卻常常會有此一數。

○5（福祥）

此數表示陰陽互相交感、和合完璧的吉相，呈現出偉大成功的吉運。為人精神爽朗豁達、身體健全、福祿長壽、富貴繁榮。或可成為中興開創的人，也可往他鄉來成家發展。

或再興旺已衰敗的家運事業，若是不然，也會有因努力而博得功名榮譽的好名聲。

○6（安慶）

此數表示天德地祥都能俱備，而福慶豐碩盛大。

可有家勢盛大、萬寶進家門的吉運。

但雖然有豐厚的福報，但是滿極必有損、盈極則虧。若與其他運數的配合不佳者，恐會江河日下，而有樂極生悲的凶象。

不過若有後天的美德，就可享有終身安穩吉慶的好運勢。

○7（權威）

此數雖有特立獨行的權威吉象，但是恐會有過於剛愎、缺乏同化親和力的凶象遺憾。

因為過於頑固剛強權威，恐怕會產生內外不和的憂慮。
若有調和事物的心胸，才能排除萬難而成功。
若能擴大本身眼界格局，再加上修養德行雅量，則能有更進一步大發展。
女命若有此數，難免有過剛烈的缺點，應盡量修養溫和柔順的德性。

○８（剛志）

此數表示意志有如鐵石般的剛強，充滿積極進取的氣象。
能排除萬難而貫徹自己的目的，能守信踏實、忍耐克己，終得成功。
但與他運的配合不善者，恐有遭到意外災難的危險。

×９（凶禍）

此數表示財利功名皆成空而陷落窮迫的凶象。
或是幼時則離開親人，而陷入生活困難無依靠，悲痛、孤獨、寂寞之中。
或有病弱、不如意、廢疾、遭難、貧苦、災害等凶事。
或犯官訟，凶難災禍難以預測，總格主運有此數者最凶。
若是能免除這些災害時，卻會有去失配偶、家人、子女的凶運，也有難以生得兒女的厄運。

但是若有萬分之一的例外，卻會在折難中出現怪傑富豪。

×10（零暗）

此數為延續凶數九的大凶數，有更進一步的大凶象。

萬物萬事終將空虛而去，陷入黑暗的處境。

總格主運有此數者，大多會無業短命、四顧茫茫、萬事無氣力，陷於不如意的處境。

有家產破亡、貧困逆難接連而來，或妻子別離孤寒，或幼喪親人的凶象。

或病弱、遭難、犯官訟是非的凶象。

三才的配置再不得宜，大多中年前後就會喪命入鬼籍。

若萬分之中有一二例外者，而超越生死之命，將可成就大事業。

筆畫十一至二十數之靈動吉凶

○11（再興）

此數為陰陽重合再來，可享有上天給予的幸福。

萬事能順利發展、穩健著實，而漸得富貴繁榮。有再度興盛衰落家運的吉象。為平靜和順中漸求發展的最大吉數。

×12（不足）

此數有蠻不講理的凶象，不顧自己能力不夠，想要去做力不從心的事，最後多會遭致失敗的厄運。許多事物會有不足窘象，也有和親人緣薄、孤獨、病弱、不如意等困難。又因和其他數運的配合不佳，更容易招致意外的失敗危難，甚至於夭折短壽。

○13（智慧）

此數表示學識才藝能力，有智慧和謀略。能忍辱柔順面對事情，所以遇到任何難事，都能夠巧於處理而達成大功。

可享有富貴幸福的好運勢。

×14（破兆）

此數有破兆、家族緣薄、喪親亡子，或和兄弟姊妹分離。有孤獨、不如意、煩悶、危難、遇難的凶象。

在事業上易浮沉不定、徒勞無功、辛勤勞苦。
又若和其他數運配合不佳，也有夭折短壽的凶象。

◯15（福祥）

此數表示有最大的好運勢、福壽圓滿的吉象。
為人柔順溫和善良有雅量，容易受到上級長官的提拔照顧。
也能自成大事業，富貴榮華、興家繁榮，且德望高，有德慈祥的最大吉數。

◯16（厚重）

此數為由凶轉吉的吉象。可成為領導、主管，在人之上的位置。
為人敦厚沉穩有雅量，能得眾人所望，成就大事大業、富貴發達的好運勢。
此數對於女命亦很適宜。

◯17（過剛）

此數表示極有權威、個性剛強，為了貫徹己志，會有與人不和的衝突。意志堅確，有突破萬難的魄力，是其最大的優點。

但若過剛強固執，則易遭受小人災厄，而遭到失敗的厄運。

若是能改正此剛烈性情、言行謹慎，則可創造更大的幸福。

女命有此數，也易產生男性化的缺點，應該多培養柔順賢德溫和的心性。

但若八字先天運命主過弱的女命格局，反需要用此數來補其缺點。

○18（權力）

此數表示鐵石無情的心意，有權力智謀而能發達創業。

志願一旦立下，必定破除所有困難，而終能博得名利的運勢。

但是卻有自我心強，缺乏包容力、堅剛頑固，而因此引發困難，所以要常戒慎培養柔順德性、謹慎言行，則可貫徹目的、功成名就。

×19（多難）

此數表示頗有靈識活動敏感的特質，雖然有創大業、得名利的實力，可會受到天命靈力的干擾，而常發生莫名意外的障礙。

甚至家中內外不和、多有困難，以致辛苦慘淡、厄運不絕。若總格主運有此凶數，又無其他吉數相助，更易陷入病弱、殘疾、不安、孤寡的悲運，甚至於夭折、短命、妻子死別、官訟、殺傷等災難。

×20（凶禍）

此數表示萬物、人事將敗壞的凶象。

有短命事業敗壞的大凶惡運勢，一生不得平安，或災難頻至，凶禍接連而來。易陷於危難、不如意、逆境，或病弱、短命、破滅的凶兆。中年會有殘疾，或幼時和親人分離失親，或年輕即喪失配偶，或遭遇子女發生不幸噩耗。

幾乎是萬事不成，進退維谷。總格主運有此數者，更加慘淡凶險。

筆畫二十一至三十數之靈動吉凶

○21（月明）

此數表示雲烏散開、月出光明之象，表示有萬事即將成形確定的吉象。也有具獨立權威的特性，而有能成為領導主管的運勢，受人尊仰，享富貴顯榮。

但是其發展是漸進的，過程中仍有相當的苦累，只要堅持，可步步上進發達而興家。

但女命若有此數者，反而為凶。因女性應順從男性，本是先天的習性，若有此數則易為妻強勢欺凌夫的現象，家庭容易不得安寧，所謂兩虎相鬥，必有一傷。若是獨立單身的女命，雖可成名，但運勢也會較波折坎坷。

×22（薄弱）

此數表示百事皆不如意，期待希望大多會半途遇到挫折而放棄。身體多薄弱，如秋草降霜的現象。

○23（隆昌）

此數表示可成就偉大事業，運勢隆昌，有威勢沖天的吉象。雖是出身微賤，可因努力而至一方領導，受人尊仰。也有如戰勝凱旋之將，猛虎生翼之狀。

但要注意因為活力強大，對於事情恐怕會有衝動過度的大缺點，因此而容易做出遺憾後悔的事情。

對於感情也很敏銳，但女命有此數者反為凶，其理略同二十一數。

若是總格主運和他格有此數者，亦難免香閨繡榻孤身一人而悲寒也。

○24（餘慶）

此數表示發展過程難免有艱難，但是才略智謀出眾、白手可以成家的吉祥運勢。若能堅持，則可財源廣進，晚年終將成大器而享榮華，還有餘慶庇蔭於家人子孫的福運。

○25（英俊）

此數表示資質聰明、英姿煥發，有特殊貴重的才能。但可惜性情有偏執的現象，個性柔中帶硬。與人相處言語易有口角是非，或有怪脾氣，所以若本身修養德行不足者，大多會成為怪人，自然與他人不易相處平和，在事業或社交上而產生諸多障害。

若能改善驕慢的心念，事事平和、柔順、恭敬，以其英俊的外表和才能，自能成就大事業。

×26（變怪）

此數為本有英雄般的雄才偉略卻波瀾重疊、變怪數奇的運格。有天賦的才華，富有義氣俠情，卻常遇到無常的大波瀾變動，而風波不息。

又與他格的配合不吉者，更會常陷病弱、短命或放逸墮落，或喪失配偶而感嘆孤獨，或早年喪子女而膝下伶仃。

為一生都不易得到平安的凶運，然而可稱為英雄的志士，或不世出的怪傑、偉人、烈士等，卻常出於此數。

×27（遭難）

此數表示因自我心強，易與人不和而遭受誹謗攻擊，因此導致失敗。若能先由其智謀來化解衝突，並且堅持奮鬥努力，還是可以博得名利。

一般都是會在中年之後開始衰落，因與人不和衝突而造成禍端，一生難以發達到老死。甚至自身平時溫和有理，也難免會遭到他人的惡意刁難，與其他運格之配合不吉，更易陷入官訟、遭難、孤獨、自殺、病死等厄運。

×28（凶刑）

此數可稱為最大凶運，會遭到他人的磨難，雖有豪傑的氣概格局，卻多波瀾變動，常受非難誹謗。易發生夫妻生離死別、中年喪子，一生多禍亂、爭論不和、逆難、官訟、病死等厄運。女命有此凶數者，多會陷入孤寡的凶運。

△29（不平）

此數表示智謀優秀，因謀略提議受重視而得財福的運格。

雖然有成就大業的機會，但會有因為不滿足的貪欲念頭，而造成自己聰明反被聰明誤的凶運，或因多疑不安妄想而釀成災難。

女命會有傾向男性化的行為，也可稱為準寡婦運，女命忌用之。

×30（悲運）

此數表示生活浮沉無定，個性善惡難分的凶運數。

一生多處於投機的心思境遇中，與其他運數配合，會受其影響而有成大功或失敗的大變化，和善運配合，其成功的可能性雖大，但是會因不忠實、違背誠信，而遭遇失敗困難。

也有意外發展的可能，但是無論如何，大多有悲運薄倖的凶運發展，甚至孤獨、失意、短命、妻子死別者等凶運。

筆畫三十一至四十數之靈動吉凶

○31（智勇）

此數表示智仁勇俱備，為人意志堅固、百折不屈。

能踏實穩定腳步來做事，而成大志大業的運格，可統率管理大眾，博得名譽繁榮富貴幸福。

個性特質屬溫良平靜、有能力的領導主管。而且女命用之也無妨。

○ 32（僥倖）

此數為心存僥倖、多所觀望的運格，所以要懂得珍惜把握好運勢，不能遲疑、三心二意，極易失去好的機運發展。

若能得長官貴人的提攜，則將有勢如破竹的成功運勢。心性溫良，有愛顧他人的德性。此數也帶有豐富財運的好運。

○ 33（昇天）

此數為鸞鳳相會的好吉象，已經成形確定的運勢。

也表示有權威智謀，能剛毅果斷來處理事情，有如旭日昇天的權威，整體運勢盛大隆昌，而能名聞天下的吉祥運。

不過其運勢旺盛過於貴重，一般常人命局恐難以勝任，所以尊榮無比極盛的反面，則會陷落黑暗的極凶運勢，要先視其命局來慎用，切勿輕易用之。

此數是女命最凶的寡婦運，女命斷不可用。

× 34（破滅）

此數為破壞滅亡的大凶兆，會有混亂離異的禍象強烈發生。

意外凶殺一到，禍亂則會接連而來，內憂外患、破敗不斷，因此陷入極大的辛苦中。與其他凶運數格配合，更有導致病弱短命、喪失配偶、子女死別、刑傷殺伐，或致發狂等大凶運，是破家亡身的最大凶惡運數。

○35（平安）

此數表示有智慧通達的能力，但是稍乏權威的架式。

因此在溫良和順的負面影響，會有對事不徹底的缺點，所以缺少擔當大事大業、膽略才幹的遺憾。

若心懷大志想要成大事者，必須以此時時惕勵振起，以補做事不徹底的天生缺點，和權勢霸氣不足的現象。

若能往文藝技術方面發展，則有很好的機緣而成功。

此數是平安的吉數，女命取用最吉。

×36（波瀾）

此數表示雖有英雄氣運，卻波瀾困難連連、浮沉不安的凶象。

富有俠氣情義敦厚，有捨己成仁的性情，但是一生難得平安，經常辛苦困難。

若能安穩於生活不妄進者則無大災害，反之愈思進取、活動積極，則易發生波瀾釀成大變動。

與其他凶運數配合，更多導致病弱、短命、孤寡、危難等凶運。

○37（權威）

此數表示特立獨行、權威踏實而能成功立業的好吉象。

對於物事能通情達理、有德慈祥，個性開暢熱忱忠烈，能得眾人信服，終可突破萬難而成大業。

但若權勢威望過盛，須慎防一意孤行，難免會陷入眾叛親離、孤立無助的遺憾。

△38（薄弱）

此數表示心志有大志大業，但是卻缺乏統率領導的威望和才能，而造成力不從心的遺憾。也因此難得眾人信服，對於目的難以貫徹完成。

是平凡薄弱無力、難撐大事的凶象，但往文學技藝等方面發展，則有相當上進的機緣，故此數也稱為藝術成功之數。

○39（富貴）

此數表示可因禍得福、而富貴滿盈的好運格。一令發出即能統率萬眾，有權威壓倒天下的氣概。有權威、財帛豐富、富貴繁榮的好運勢。

可是在如此尊貴之至的氣運中，也會隱藏極悲慘的惡運，吉凶只是一紙之表裡、一線之間，因此切勿輕易用之。

女命有此數者，多會陷入孤寡凶運中。

×40（退安）

此數表示雖有智謀且膽勢優秀過人，但是缺乏德行威望，而易受誹謗攻擊，導致處處浮華不安，或面臨吉凶難測的歧路。

因為好冒險投機，與其他凶運數配合不佳，極易造成官訟是非之災，或陷病弱、短命、孤獨等凶運。

筆畫四十一至五十數之靈動吉凶

○41（有德）

此數表示純陽獨特才華的吉慶運格，為人膽勢能力才謀俱備。身體健壯、有德行、待人和順，能成大志大業，博得名位富貴的最大吉數。

×42（多能）

此數表示博達才能，技藝精通。雖通學於多方面，無奈十學九不成。大多容易意志薄弱不如意，缺乏自我之念，有寂寞悲哀之象，散漫失意。若專心一意進取者，或可以成功，否則必致大失。其中有孤獨病弱者。

×43（散財）

此數表示會有散財破產的惡運。

也有姑息養奸、個性薄弱散漫的現象，雖有才能智慧，但意志不堅定，以致諸事不能踏實完成。

外表看來幸福圓滿，但內心實多困苦。

如為女命與其他格配合欠佳，易陷荒淫不能善終的凶運。

×44（煩悶）

此數為家破身亡最大惡運之數。

本就隱含悲慘運勢，易有橫遭破壞、混亂離異，萬事不如意，多煩悶、苦勞、病難、廢疾，易和家族生離死別等凶象。

與其他他凶運數配合，甚至可導致發狂與短命。

但不世出之怪傑、偉人、烈士、孝子、節婦、大發明家等，卻往往出自此數。

○ 45（順風）

此數為順風揚帆、一切順心如意的吉象。

經驗深沉豐富、智謀遠慮，能成大志大業，克破萬難而成功，富貴繁榮至極。

若與其他運數凶數結合，即如浪中失舵之船飄盪不安，或遭遇災難橫禍。

× 46（戀怪）

此數為載寶沉舟、有志難伸的凶象。

缺乏持續精力、意志薄弱，多困難、辛苦、破敗，然卻仍有一種戀怪的運勢，常能在艱難嘗盡後，而轉為大成功者。

或依其他運數的影響，而陷入病身、孤獨、官訟、短命不幸的凶象。

○ 47（開花）

此數為辛勤付出終成開花結果的吉象，幸福圓滿吉兆的運數，享有天賦吉運。

與他人合作可成大事大業，進可以攻而不損，退可以守而有益，永傳福祿於子孫的吉運。

○48（德智）

此數表示才能和智謀兼備，有德行和堅強剛毅的意志，能得功名利祿榮達的吉象，最適為他人的參謀顧問。

△49（變轉）

此數表示會處於吉凶極端的分別上，若臨吉運則吉又生大吉，但逢凶象則是凶上又生大凶。吉象能帶來成功榮進，而凶運則會損失破財多災害、厄難。吉與凶、幸與不幸，就要看其他運數和三才的配置。

×50（離愁）

此數表示會有一成一敗的現象，由先天八字格局，有先成大業而得富貴的吉象，但也會因後天的氣數，而遭致破壞的凶象。

一般多會在中晚年造成大失敗，不但家破身亡，若又和其他凶運數一起，更易陷於官訟、殺傷、離愁、孤寒、大災害等凶運中。

筆畫五十一至六十數之靈動吉凶

×51（浮沉）

此數為盛衰吉凶都有的現象。雖然可一度得到盛運昌隆，博得名利，但是此數中隱含自然因果的凶象，因此晚年易遭致浮沉不安，甚至困苦失敗。

但若有其他吉運數配合，則可轉變為大吉。

○52（達眼）

創造此數有機運一到、躍身而起的吉象。為人有先見之明，若目標企圖心沒有偏差，明察時世機運，則有無到有的格局，而得成功富榮的好運勢。

×53（內憂）

此數表示外表看來如意吉祥有福報，但卻是內中障礙、禍患很多。

若前半生不幸，後半生則能幸福，否則便是前半生富貴，而後半生落魄飄盪。

所以此數為吉凶參半之數，但總格、他格主副運都是為吉數，三才的配置良好，才能反為大吉。

×54（橫死）

此數為意外、病厄大凶惡的凶運數。一生悲慘不絕、親友不和、破敗損失、憂苦頻來，甚至家破亡產。或罹患廢疾、官訟、短命、橫死、孤獨等凶運。

△55（善惡）

此數表示由極盛好運反轉為厄運的凶相。現在表面看似繁盛，但其內已經醞釀災害。也有凡事不能安心、辛苦、厄難、薄弱、別離、亡產等災難將至的憂慮，若能堅強意志、戰勝萬難，則成功才有希望。

為吉凶相參半的運格，若意志薄弱者，大多會無立身之地。

此數若三才配置良好，或能反成吉運。

×56（晚凶）

此數表示對事缺乏實行的勇氣，缺少積極進取的氣勢。

導致損失、厄難等凶運會重複發生，問題始終難以解決，晚年易陷於困厄災難之中的最大凶惡運格。

○57（寒鶯）

此數表示有寒鶯吟春、苦盡甘來的現象。為人資性剛毅有才華、有天賦的富貴幸福吉運。但一生中必遭大難一次，一難過後才會步入順境、事多如意，而得吉祥繁榮。

△58（危難）

此數表示事事浮沉多變化、禍福無常，通常不經大失敗或大危難，則無法顯現其蘊含的實力。破家之後而再次興家，破產後才又得來成功富貴，晚年多能幸福吉慶。

×59（亡產）

此數表示對事缺乏忍耐心、勇氣、意志衰退，無成事的才能。表示損失、厄難、亡產、失意、逆境凶運，一生辛苦慘淡不絕。

×60（無謀）

此數表示為人晦暗不明、精神不清，對事有動搖不安的凶兆。常常目的不穩定明確，多走偏差路而導致風浪災禍不斷。經營事業大多無謀無算，當然無一能，成陷於失敗、苦慘之境地，甚而導致官訟、殺傷、病難、短命等凶運。

筆畫六十一至七十數之靈動吉凶

△61（名利）

此數表示為名利雙全、繁榮富貴的吉象。但是有傲慢不遜的大缺點，以致釀成人事內外不和、家庭反目、兄弟鬩牆等災亂。

表面富貴好看，實則空虛不實，若能修德慎行，常守和順、待人親切，才可防以上凶禍於未然，享有幸福財寶豐厚的吉運。

總格有此數，其他運數三才配得良好，才能毫無憂慮，轉變為無上的大吉運。

×62（衰敗）

此數表示為人缺乏信用、內外不和，願望難以達成，漸入衰敗的遭遇。易有意外災難突來，家境衰敗、身體衰弱，漸至悲慘的凶象。

○63（富榮）

此數表示運勢將有如萬物受雨露的恩惠而發育茁壯。不需多費心神，即能萬事如意成就圓滿。亦無憂患災亂，富貴可庇蔭至子孫之最大吉慶的運數。

×64（非命）

此數有凶運接連而至，一生浮沉、破敗、滅離的凶象。常逢意外的災難，或家庭離散毀敗，或重病臨身的凶象。

○65（壽榮）

此數表示吉象可天長地久、富貴繁榮的上運。萬事如意可行，一生可逢凶化吉，享平安的幸福吉運，家運昌隆、長壽健康、事事吉祥的好運數。

×66（不和）

此數表示進退由不得自己，與人內外不和、艱難不堪，破財、損害、厄災接連而至，有破家亡身的惡運跡象。

○67（通達）

此數表示可受到長輩的援助，對事也多通情達理而可萬事亨通，也享有天賦的幸運格局，能順利達成志望。

○68（發明）

此數表示為人思慮周密、意志堅強、勤勉力行，而有發展上進的好吉象。更有發明創造的才能，心願易達成、名利兩全的好吉運。

×69（非業）

此數表示窮迫、塞止、行至逆境的凶象。缺乏爽朗明白的精神，易導致精神病厄，使生活動搖不安的凶運。容易陷入短命、非業、身體殘疾，或陷入比死更痛苦的厄運之中。

×70（非業）

此數表示災難險惡將至、滅亡凶象已現的厄運。

一生慘淡、憂苦不絕，也有空虛寂寞的凶象，和官訟、意外殺傷、短命、離別、憂愁等凶運，或放棄自己而成為世上無用的廢人。

筆畫七十一至八十一數之靈動吉凶

△71（勞苦）

此數表示可享有自然富足的吉象，但是內心卻仍多憂苦放不下，甚至自尋煩惱，但對問題又缺乏實行貫徹的精神意志，缺少進取耐難的勇氣，以至於失敗，故可謂吉凶參半的運數。

若有其他三才格吉數配合，才會有好運勢。

×72（悲運）

此數表示為烏雲蔽月的凶象，快樂和窮迫兼有的運數。

若前半生幸福者，後半世不免悲哀，外表雖吉，裡面卻是凶相連連，甚至有晚年家破敗產的危機厄運。

△73（無男）

此數表示有吉凶參半的現象。為人做事無踏實貫徹的勇氣，徒有志向虛高，卻難成事的現象。不過有其天生的福報庇蔭，一生大多可得平安。

×74（逆運）

得此數表示為人無智、無能、無識，只能坐吃山空，而成世上無用之人。且易生意外的災厄，沉淪逆境，感嘆生涯的不幸。

△75（退安）

此數表示雖有富貴榮華的吉相，但仍有半吉半凶的跡象，若要積極從事經營或從政，反易招致口舌是非而失敗。

保守才可保有幸福吉祥的好運勢。

×76（離散）

此數表示與人內外不和、家人離散，逆境凶惡無限。可能招致破產、身亡、病弱的悲運。

× 77（後凶）

此數表示凶中帶吉的運數，大多能得上位或貴人的提拔栽培，幸福吉運可享至中年，然後易陷入災厄困境之中，若前半生凶者，後半生則為吉祥的運勢。

△ 78（晚苦）

此數表示禍福雖是參半，但凶相仍是較強。

前半生可智能兼備，在中年前成功發達，但至中晚年後，運勢漸趨衰落，而困苦接連而至，陷於悲慘的凶運中。

× 79（難伸）

此數表示窮困至極、難以伸志的逆境凶象，也會有精神不安穩的病厄。

為人無信用節操，沒有踏實做事的精神，因而易受非難攻擊，甚至被世人所唾棄視為廢物，但是可得身體健全的吉運。

×80（遁吉）

此數表示主困難辛苦不吉的凶象。

病厄、刑傷、短壽等凶運極易發生，但若能遁入隱修的生活，則可得安穩生活，免除種種災禍刑傷的厄運。

○81（重福）

此數表示為最極的運數，而還本歸元，故其數理等於基數之一。

自然靈力旺盛多幸慶，吉祥福運重來顯現，有榮華富貴的大好吉運，與一數的運格相似。

附註

八十一數還本歸元，數理與基數一相同；八十二數與單數二之靈動同；八十三數歸於單數三之靈意。

故八十一以上之數理，除其盈數八十，將其所剩之數推理可也。譬如一百五十之數，扣除八十，尚剩七十，可依七十數推理。

譬如一百六十二數，扣除八十數兩次，所剩二數，就按二數判斷。餘者依此類推。

第五章 姓名學筆畫數吉凶組合

八十一筆畫吉凶數和三才五行的配合

八十一筆畫吉凶數應該算是姓名學中最簡單的一項，只要針對每個字的筆畫數來對照即可。但是整體運用上來講，還有更進階的組合運用，就像「生命靈數」還細分為「命數」、「靈數」、「卓越數」、「旺數」和「連線數」一樣的道理，因此可以和五行結合運用成為「三才五行吉凶數」。

三才：天、人、地

五行格：天格（1＋姓）、人格（姓＋第二字）、地格（第二字＋第三字）、外格（1＋第三字）、總格（姓＋第二字＋第三字）。

若是複性如「歐陽」則把此倆字筆畫合為一數。

若是為單名兩字如「陳紅」，則把第三字以「1」來取代計算筆畫數，「陳紅1」外格數即是為「2」。

如：

1 陳16 淑12 華14

		◎	1			
					天格	[金]
		陳	16	金	17	
					人格	[金]
		淑	12	金	28	(凶)
[土]	外格				地格	[土]
(吉)	15	華	14	水	26	(凶)

總格 [木] 42 (平)

天格：1＋16＝17（權威）。

表示父母宮和父母的吉凶互動關係、家族的遺傳，或自身先天的吉凶運勢。

人格：16＋12＝28（凶刑）。

表示自己本身的個性，或和夫妻、親人間的互動吉凶關係。

地格：12＋14＝26（變怪）。

表示晚年的吉凶運勢和疾病健康狀況。

外格：1＋14＝15（福祥）。

表示外在和朋友的互動吉凶關係。

總格：1＋16＋12＋14＝42（多能）。

表示今生整體的運勢吉凶變化，包含工作、財運、婚姻感情等。

但是此三才五格的運用影響度仍只有百分之十至十五的參考而已，比不上八字的精準，只能當成輔助參考，切勿過於偏執數字的吉凶。

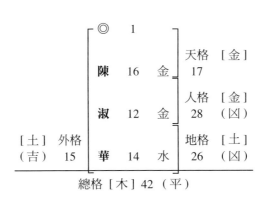

筆畫數陰陽、奇偶

一般名字若是三個字，姓名字數的規畫最好是奇偶、陰陽都有，盡量避免都是奇數或偶數，這樣才能夠陰陽調和。

如：林立耿　筆畫數為——8、5、10偶、奇、偶

		◎	1			
					天格	[水]
		林	8	火	9	
					人格	[火]
		立	5	火	13	(吉)
[木]	外格				地格	[土]
(吉)	11	**耿**	10	木	15	(吉)

總格［火］23（平）

姓名配合吉數選擇組合

三才五行格吉數組合表

二畫之姓：卜丁刀匕力刁

11	(1) 2 1 10	3 3 11	13
21	(1) 2 3 20	3 5 23	25
5	(1) 2 9 4	3 11 13	15
21	(1) 2 1 10	3 3 21	23
3	(1) 2 4 2	3 6 6	8
7	(1) 2 9 6	3 11 15	17
11	(1) 2 3 10	3 5 13	15
13	(1) 2 4 12	3 6 16	18
8	(1) 2 9 7	3 11 16	18
13	(1) 2 3 12	3 5 15	17
3	(1) 2 9 2	3 11 11	13
13	(1) 2 9 12	3 11 21	23

三畫之姓：于上山干士子千弓万

7	(1) 3 2 6	4 5 8	11
13	(1) 2 19 12	3 21 31	33
21	(1) 2 13 20	3 15 33	35
15	(1) 2 9 14	3 11 23	25
17	(1) 3 2 16	4 5 18	21
15	(1) 2 19 14	3 21 33	35
3	(1) 2 14 2	3 16 16	18
23	(1) 2 9 22	3 11 31	33
6	(1) 3 3 5	4 6 8	11
17	(1) 2 19 16	3 21 35	37
3	(1) 2 19 2	3 21 21	23
11	(1) 2 11 10	3 13 21	23
11	(1) 3 3 10	4 6 13	16
3	(1) 2 19 4	3 21 23	25
3	(1) 2 13 2	3 15 15	17

四畫之姓：孔毛王文方尤牛尹元卞支巴仇戈公勾木水火井太

6	(1) 4 2 5	5 6 7	11
15	(1) 3 18 14	4 21 32	35
25	(1) 3 8 24	4 11 32	35
13	(1) 3 3 12	4 6 15	18
16	(1) 4 2 15	5 6 17	21
18	(1) 3 18 17	4 21 35	38
23	(1) 3 10 22	4 13 32	35
16	(1) 3 3 15	4 6 18	21
23	(1) 4 3 22	5 7 25	29
13	(1) 3 20 12	4 23 32	35
7	(1) 3 12 6	4 15 18	21
6	(1) 3 8 5	4 11 13	16
3	(1) 4 9 2	5 13 11	15
6	(1) 3 13 5	4 16 18	21
8	(1) 3 8 7	4 11 15	18

23	(1)	4	19	22	5	23	41	45
7	(1)	4	19	6	5	23	25	29
7	(1)	4	11	6	5	15	17	21
5	(1)	4	9	4	5	13	13	17
6	(1)	4	20	5	5	24	25	29
13	(1)	4	19	12	5	23	31	35
6	(1)	4	12	5	5	16	17	21
13	(1)	4	9	12	5	13	21	25
16	(1)	4	20	15	5	24	35	39
15	(1)	4	19	14	5	23	33	37
13	(1)	4	13	12	5	17	25	29
17	(1)	4	9	16	5	13	25	29
13	(1)	4	21	12	5	25	33	37
17	(1)	4	19	16	5	23	35	39
23	(1)	4	13	22	5	17	35	39
23	(1)	4	9	22	5	13	31	35

17 { (1), 4, 21, 16 } 5, 25, 37 — 41

五畫之姓：石央甘田白申包丘皮平令左古冉史世可由正句以丙玉布目仙市巨司召代弘

15 { (1), 5, 18, 14 } 6, 23, 32 — 37

15 { (1), 5, 10, 14 } 6, 15, 24 — 29

5 { (1), 5, 2, 4 } 6, 7, 6 — 11

8 { (1), 5, 11, 7 } 6, 16, 18 — 23

15 { (1), 5, 2, 14 } 6, 7, 16 — 21

5 { (1), 5, 12, 4 } 6, 17, 16 — 21

6 { (1), 5, 8, 5 } 6, 13, 13 — 18

7 { (1), 5, 18, 6 } 6, 23, 24 — 29

25 { (1), 5, 8, 24 } 6, 13, 32 — 37

六畫之姓：朱牟伊任伍米安羊全伏戎后百吉年向同匡有仲仰光自列老多羽守州印共危

外格	筆畫	格數
7	(1) 6 9 6	7 15 15
總格 21		

外格	筆畫	格數
15	(1) 6 9 14	7 15 23
總格 29		

外格	筆畫	格數
17	(1) 6 9 16	7 15 25
總格 31		

外格	筆畫	格數
8	(1) 6 10 7	7 16 17
總格 23		

外格	筆畫	格數
16	(1) 6 10 15	7 16 25
總格 31		

外格	筆畫	格數
24	(1) 6 10 23	7 16 33
總格 39		

外格	筆畫	格數
5	(1) 6 19 4	7 25 23
總格 29		

外格	筆畫	格數
7	(1) 6 19 6	7 25 25
總格 31		

外格	筆畫	格數
17	(1) 6 19 16	7 25 35
總格 41		

七畫之姓：李吳宋杜江何呂余佘辛谷巫車成利甫池岑系杞良求我伯言吾汝束里豆希貝冷而別步

11 {(1), 7, 8, 10} 8, 15, 18 — 25

17 {(1), 7, 8, 16} 8, 15, 24 — 331

18 {(1), 7, 8, 17} 8, 15, 25 — 32

8 {(1), 7, 9, 7} 8, 16, 16 — 23

16 {(1), 7, 9, 15} 8, 16, 24 — 31

17 {(1), 7, 9, 16} 8, 16, 25 — 32

7 {(1), 7, 18, 6} 8, 25, 24 — 31

8 {(1), 7, 18, 7} 8, 25, 25 — 32

11 {(1), 7, 22, 10} 8, 29, 32 — 39

八畫之姓：岳宗沈卓狄屈杭牧居武幸宓尚明始長昌兒征析庚沙東汲沓帛虎知京念來委

金孟季林易官扶和汪竺沃松艾於房祁

3 {(1), 8, 3, 2} 9, 11, 5 — 13

13 {(1), 8, 3, 12} 9, 11, 15 — 23

7 {(1), 8, 9, 6} 9, 17, 15 — 23

8 {(1), 8, 9, 7} 9, 17, 16 — 24

17 {(1) 8 9 16} 9 17 15 — 33

6 {(1) 8 10 5} 9 18 15 — 23

7 {(1) 8 10 6} 9 18 16 — 24

16 {(1) 8 10 15} 9 18 25 — 33

3 {(1) 8 13 2} 9 21 15 — 23

13 {(1) 3 13 12} 9 21 25 — 33

17 {(1) 8 13 16} 9 21 29 — 37

九畫之姓：俞施柯段涂姚姜柴紀韋查侯柳風封秋咸皇柏羿禹南胥約勇河法革眉後計冠泰宧姬昭宣相紅

5 {(1) 9 2 4} 10 11 6 — 15

15 {(1) 9 2 14} 10 11 16 — 25

8 {(1) 9 8 7} 10 17 15 — 24

7 {(1) 9 9 6} 10 18 15 — 24

8 {(1) 9 9 7} 10 18 16 — 25

5 {(1) 9 12 4} 10 21 16 — 25

21 {(1) 9 12 20} 10 21 32 — 41

13 {(1) 9 20 12} 10 29 32 — 41

11	(1) 9 22 10	10 31 32	41

十畫之姓：花徐孫祖凌席班烏貢宮家祝桂唐真師宰起修留馬恭軒容秘索桀桓倉桃展桐原肥洛袁秦栢奚倪時高夏洪翁益桑耿殷晁

3	(1) 10 3 2	11 13 5	15
23	(1) 10 3 22	11 13 25	35
15	(1) 10 11 14	11 21 25	35
11	(1) 10 3 10	11 13 13	23
5	(1) 10 11 4	11 21 15	25
21	(1) 10 11 20	11 21 31	41
13	(1) 10 3 12	11 13 15	25
11	(1) 10 11 10	11 21 21	31
3	(1) 10 13 2	11 23 15	25
21	(1) 10 3 20	11 13 23	33
13	(1) 10 11 12	11 21 23	33
11	(1) 10 13 10	11 23 23	33

13 { (1), 10, 13, 12 } 11, 23, 25 — 35

8 { (1), 10, 14, 7 } 11, 24, 21 — 31

18 { (1), 10, 14, 17 } 11, 24, 31 — 41

3 { (1), 10, 19, 2 } 11, 29, 21 — 31

13 { (1), 10, 19, 12 } 11, 29, 31 — 41

十一畫之姓：張許梅章胡梁康范曹麥從崖那崔邢商寇苗尉英習鹿常崇國庸堅密涂假宿魚符茅麻苟蒲扈終巢

5 { (1), 11, 2, 4 } 12, 13, 6 — 17

23 { (1), 11, 2, 22 } 12, 13, 24 — 35

15 { (1), 11, 10, 14 } 12, 21, 24 — 35

13 { (1), 11, 12, 12 } 12, 23, 24 — 35

5 { (1), 11, 20, 4 } 12, 31, 24 — 35

21 { (1), 11, 21, 20 } 12, 32, 41 — 52

十二畫之姓：黃曾邵邱彭傅程阮項童賀喬富荊堵盛景荀閔喻雲費焦舒理堯舜雄甯淵惠貴敦朝開馮單能強越嵇須郤茹鈕

25 {(1) 12 9 24} 13 21 33 — 45

5 {(1) 12 9 4} 13 21 13 — 25

15 {(1) 12 3 14} 13 15 17 — 29

11 {(1) 12 1 10} 13 13 11 — 23

11 {(1) 12 11 10} 13 23 21 — 33

13 {(1) 12 9 12} 13 21 21 — 33

23 {(1) 12 3 22} 13 15 25 — 37

21 {(1) 12 1 20} 13 13 21 — 33

11 {(1) 12 13 10} 13 25 23 — 35

15 {(1) 12 9 14} 13 21 23 — 35

3 {(1) 12 4 2} 13 16 6 — 18

3 {(1) 12 3 2} 13 15 5 — 17

13 {(1) 12 13 12} 13 25 25 — 37

17 {(1) 12 9 16} 13 21 25 — 37

3 {(1) 12 9 2} 13 21 11 — 23

11 {(1) 12 3 10} 13 15 13 — 25

十三畫之姓：楊莊詹游雍賈雷莫虞楚溫湯路裘衙督睦義新祿幹郁嵩琴鉗塗稠椿農經解
湛

7	(1)	13	2	6	14	15	8	21
15	(1)	13	2	14	14	15	16	29
17	(1)	13	2	16	14	15	18	31
23	(1)	13	2	22	14	15	24	37

11	(1)	12	23	10	13	35	33	45
17	(1)	12	19	16	13	31	35	47
21	(1)	12	13	20	13	25	33	45
13	(1)	12	23	12	13	35	35	47
6	(1)	12	20	5	13	32	25	37
23	(1)	12	13	22	13	25	35	47
16	(1)	12	20	15	13	32	35	47
5	(1)	12	19	4	13	31	23	35
3	(1)	12	23	2	13	37	25	37
15	(1)	12	19	14	13	31	33	45

3	(1) / 13 / 3 / 2	14 / 16 / 5	18
6	(1) / 13 / 3 / 5	14 / 16 / 8	21
16	(1) / 13 / 3 / 15	14 / 16 / 18	31
17	(1) / 13 / 8 / 16	14 / 21 / 24	37
5	(1) / 13 / 12 / 4	14 / 25 / 16	29
7	(1) / 13 / 12 / 6	14 / 25 / 18	31
13	(1) / 13 / 12 / 12	14 / 25 / 24	37
24	(1) / 13 / 12 / 23	14 / 25 / 35	48
7	(1) / 13 / 18 / 6	14 / 31 / 24	37
15	(1) / 13 / 18 / 14	14 / 31 / 32	45
18	(1) / 13 / 18 / 17	14 / 31 / 35	48
13	(1) / 13 / 20 / 12	14 / 33 / 32	45

十四畫之姓：連廖熊華赫郤郗管趙裴齊郎壽榮臺逢造端輔通翟僮源聞韶鳳慎郝郜臧

6	(1) / 14 / 2 / 5	15 / 16 / 7	21
16	(1) / 14 / 2 / 15	15 / 16 / 17	31
17	(1) / 14 / 2 / 16	15 / 16 / 18	32
13	(1) / 14 / 3 / 12	15 / 17 / 15	29

23	(1)	14	11	22	15	25	33	47
16	(1)	14	10	15	15	24	25	39
17	(1)	14	9	16	15	23	25	39
3	(1)	14	9	2	15	23	11	25
7	(1)	14	19	6	15	33	25	39
7	(1)	14	11	6	15	25	17	31
23	(1)	14	9	22	15	23	31	45
7	(1)	14	9	6	15	23	15	29
13	(1)	14	19	12	15	33	31	45
8	(1)	14	11	7	15	25	18	32
25	(1)	14	9	24	15	23	33	47
13	(1)	14	9	12	15	23	21	35
13	(1)	14	21	12	15	35	33	47
13	(1)	14	11	12	15	25	23	37
6	(1)	14	10	5	15	24	15	29
15	(1)	14	9	14	15	23	23	37

十五畫之姓：劉郭葉歐董葛萬樂談厲黎滿魯賢閭養樊墨陝頡諒廣審摯

	(1)	
		16
	15	
5		35
	20	
		24
	4	
	39	

	(1)	
		16
	15	
15		25
	10	
		24
	14	
	39	

	(1)	
		16
	15	
8		24
	9	
		16
	7	
	31	

	(1)	
		16
	15	
5		17
	2	
		6
	4	
	21	

	(1)	
		16
	15	
24		25
	10	
		33
	23	
	48	

	(1)	
		16
	15	
16		24
	9	
		24
	15	
	39	

	(1)	
		16
	15	
15		17
	2	
		16
	14	
	31	

	(1)	
		16
	15	
15		33
	18	
		32
	14	
	47	

	(1)	
		16
	15	
24		24
	9	
		32
	23	
	47	

	(1)	
		16
	15	
17		23
	8	
		24
	16	
	39	

	(1)	
		16
	15	
16		33
	18	
		33
	15	
	48	

	(1)	
		16
	15	
8		25
	10	
		17
	7	
	32	

	(1)	
		16
	15	
25		23
	8	
		32
	24	
	47	

十六畫之姓：陳陶陸潘蒲盧賴諸閻鮑駱錢龍運稽錫都衡穎橋鄂燕融穆

5	(1) / 16 / 9 / 4	17 / 25 / 13	29
7	(1) / 16 / 9 / 6	17 / 25 / 15	31
8	(1) / 16 / 9 / 7	17 / 25 / 16	32
15	(1) / 16 / 9 / 14	17 / 25 / 23	39
17	(1) / 16 / 9 / 16	17 / 25 / 25	41
5	(1) / 16 / 13 / 4	17 / 29 / 17	33
5	(1) / 16 / 19 / 4	17 / 35 / 23	39
7	(1) / 16 / 19 / 6	17 / 35 / 25	41
25	(1) / 16 / 23 / 24	17 / 39 / 47	63

十七畫之姓：蔡蔣蔚鄒謝韓陽應龍鍾臨勵賽營襄優鴻翼轅鄔

8	(1) / 17 / 8 / 7	18 / 25 / 15	32
11	(1) / 17 / 8 / 10	18 / 25 / 18	35
17	(1) / 17 / 8 / 16	18 / 25 / 24	41
7	(1) / 17 / 12 / 6	18 / 29 / 18	35

	(1)		
			18
	17		
7			35
	18		
			24
	6		

41

	(1)		
			18
	17		
18			35
	18		
			35
	17		

52

十八畫之姓：顏魏簡闕聶豐儲戴禮環繞濟瞿龐隗

	(1)		
			19
	18		
3			21
	3		
			5
	2		

23

	(1)		
			19
	18		
13			21
	3		
			15
	12		

33

	(1)		
			19
	18		
7			29
	11		
			17
	6		

35

	(1)		
			19
	18		
11			29
	11		
			21
	10		

39

	(1)		
			19
	18		
3			31
	13		
			15
	2		

33

	(1)		
			19
	18		
17			31
	13		
			29
	16		

47

	(1)		
			19
	18		
8			32
	14		
			21
	7		

39

	(1)		
			19
	18		
18			32
	14		
			31
	17		

49

	(1)		
			19
	18		
21			37
	19		
			39
	20		

57

十九畫之姓：鄭蕭鄧薛關譚禰薄

```
  ┌(1)┐
  │   }20
  │19 ┤
5 {   }21
  │2  ┤
  │   } 6
  └4  ┘
──────
  25
```

```
   ┌(1)┐
   │   }20
   │19 ┤
17 {   }32
   │13 ┤
   │   }29
   └16 ┘
──────
  48
```

```
   ┌(1)┐
   │   }20
   │19 ┤
15 {   }21
   │2  ┤
   │   }16
   └14 ┘
──────
  35
```

```
  ┌(1)┐
  │   }20
  │19 ┤
5 {   }31
  │12 ┤
  │   }16
  └4  ┘
──────
  35
```

```
   ┌(1)┐
   │   }20
   │19 ┤
18 {   }31
   │12 ┤
   │   }29
   └17 ┘
──────
  48
```

二十畫之姓：羅嚴鐘釋藍黨竇懷籍

```
  ┌(1)┐
  │   }21
  │20 ┤
5 {   }21
  │1  ┤
  │   } 5
  └4  ┘
──────
  25
```

```
  ┌(1)┐
  │   }21
  │20 ┤
3 {   }23
  │3  ┤
  │   } 5
  └2  ┘
──────
  25
```

```
   ┌(1)┐
   │   }21
   │20 ┤
11 {   }21
   │1  ┤
   │   }11
   └10 ┘
──────
  31
```

```
   ┌(1)┐
   │   }21
   │20 ┤
11 {   }23
   │3  ┤
   │   }13
   └10 ┘
──────
  33
```

```
   ┌(1)┐
   │   }21
   │20 ┤
13 {   }21
   │1  ┤
   │   }13
   └12 ┘
──────
  33
```

```
   ┌(1)┐
   │   }21
   │20 ┤
13 {   }23
   │3  ┤
   │   }15
   └12 ┘
──────
  35
```

```
   ┌(1)┐
   │   }21
   │20 ┤
15 {   }21
   │1  ┤
   │   }15
   └14 ┘
──────
  35
```

```
   ┌(1)┐
   │   }21
   │20 ┤
23 {   }23
   │3  ┤
   │   }25
   └22 ┘
──────
  45
```

二十一畫之姓：巍顧瓏饒鐵

15	(1), 21, 2, 14	22, 23, 16	37
21	(1), 20, 12, 20	21, 32, 32	52
24	(1), 20, 9, 23	21, 29, 32	52
8	(1), 20, 4, 7	21, 24, 11	31
23	(1), 21, 2, 22	22, 23, 24	45
3	(1), 20, 13, 2	21, 33, 15	35
3	(1), 20, 11, 2	21, 31, 13	33
18	(1), 20, 4, 17	21, 24, 21	41
11	(1), 21, 8, 10	22, 29, 18	39
13	(1), 20, 13, 12	21, 33, 25	45
5	(1), 20, 11, 4	21, 31, 15	35
3	(1), 20, 9, 2	21, 29, 11	31
24	(1), 21, 8, 23	22, 29, 31	52
3	(1), 20, 19, 2	21, 39, 21	41
15	(1), 20, 11, 14	21, 31, 25	45
13	(1), 20, 9, 12	21, 29, 21	41

5	(1) 21 12 4	22 33 16	37
7	(1) 21 10 6	22 31 16	37
13	(1) 21 12 12	22 33 24	45
15	(1) 21 10 14	22 31 24	45
5	(1) 21 20 4	22 41 24	45
6	(1) 21 11 5	22 32 16	37
21	(1) 21 11 20	22 32 31	52

二十二畫之姓：蘇龔權藺

21	(1) 22 3 20	23 25 23	45
5	(1) 22 3 4	23 25 7	29
5	(1) 22 9 4	23 31 13	35
11	(1) 22 3 10	23 25 13	35
7	(1) 22 9 6	23 31 15	37
13	(1) 22 3 12	23 25 15	37
15	(1) 22 9 14	23 31 23	45
15	(1) 22 3 14	23 25 17	39

5 ｛(1) 23 2 4｝ 24 25 6 — 29

二十三畫之姓：欒

5 ｛(1) 22 19 4｝ 23 41 23 — 45

5 ｛(1) 22 13 4｝ 23 35 17 — 39

17 ｛(1) 22 9 16｝ 23 31 25 — 47

7 ｛(1) 23 2 6｝ 24 25 8 — 31

7 ｛(1) 22 19 6｝ 23 41 25 — 47

11 ｛(1) 22 13 10｝ 23 35 23 — 45

6 ｛(1) 22 10 5｝ 23 32 15 — 37

17 ｛(1) 23 2 16｝ 24 25 18 — 41

17 ｛(1) 22 19 16｝ 23 41 35 — 57

13 ｛(1) 22 13 12｝ 23 35 25 — 47

16 ｛(1) 22 10 15｝ 23 32 25 — 47

23 ｛(1) 23 2 22｝ 24 25 24 — 47

13 ｛(1) 22 23 12｝ 23 45 35 — 57

23 ｛(1) 22 13 22｝ 23 35 35 — 57

3 ｛(1) 22 13 2｝ 23 35 15 — 37

8	(1)	23	18	7	24	41	25	48
17	(1)	23	9	16	24	32	25	48
24	(1)	23	2	23	24	25	25	48
7	(1)	23	12	6	24	35	18	41
17	(1)	23	8	16	24	31	24	47
13	(1)	23	12	12	24	35	24	47
18	(1)	23	8	17	24	31	25	48
7	(1)	23	18	6	24	41	24	47
8	(1)	23	9	7	24	32	16	39

音節聲韻起伏轉折

三個字讀音的音韻，要有起伏變化，第三個的字音最好要沉穩或清亮。如：

王偉忠，忠字收尾很清亮。

王偉銘，銘字音太平緩，又三個字的音節太相近，念起來就覺得有氣無力的。

王浩銘，起伏轉折就又有力多了。

字的筆畫五行

這一部分僅供參考，因為再將此筆畫所屬的五行加入考慮，可能就無法取出一個「完美」的名字了！

傳統姓名學會將字的筆畫依下列順序畫分其五行：

一、二畫：屬木；三、四畫：屬火；五、六畫：屬土；七、八畫： 屬金；九、十畫：屬水；十一、十二畫又再屬木，以下依此類推。

一般通用字庫之字音五行

除了筆畫數吉凶，還需配合基本八字命局中五行旺衰不足，然後補上字音所屬的的五行。

之前老師提過聲波、音韻是有磁場能量的，所以在姓名學中，「字音五行」就是以此原則來制訂，也就是說同一個字如「黃ㄏㄨㄤˋ」的國語讀音，和臺語讀音，甚至各個地方不同的方言讀音，其產生的字音五行都是不同的。

所以我們可以先簡單地以「輕、平、上、去、仄」等五個音節，將字音五行區分出來。

輕音：一聲，五行屬木。如因、之。

平音：二聲，五行屬火。如呂、君、良

上音：三聲，五行屬土。如倚、肴、微

去音：四聲，五行屬金。如晃、晏、晉

仄音：頓聲，五行屬水。如著、

以國語發音的字音五行，可依據其注音符號的第一音為主，例如，高ㄍㄠ，取ㄍ屬木。

木	火	土	金	水
ㄍ、ㄎ	ㄉㄊㄋㄌㄓㄐ	ㄧㄨㄩㄚㄛㄜㄝㄞ ㄟㄠㄡㄣㄤㄥㄦ	ㄒㄔㄕㄖㄗㄘㄙㄑ	ㄅㄆㄇㄈㄏ

因此在選擇字音五行時，可能要先想一下，別人平常最容易叫你的名字，是用國語、台語或客語？此一部分也是最讓人對姓名學迷惘、猜疑和衝突的地方，因而有許多派別的產生，究竟哪些字音屬於哪

個五行，常常是各說各話、混淆不清的。

不過老師要再次強調，這只是一種輔助參考，影響不大，重點還是在整體讀音的順暢為重，所以在選擇時盡量配合即可。

若是發現下面字群中的五行中，有重複出現的字，就是此字會有多個念音，而產生多個字音五行的現象。

如：四畫中　火音：有丑字。金音：也有丑字。

一畫

【土音】一、乙。

二畫

【火音】乃、了、力、丁、刀、刁。

【土音】二、又。

【金音】人、入。

【水音】七、十、几。

三畫

【木音】口、干、工、弓。
【火音】久、己、土、大、丈、女、巾、勺。
【土音】丸、也、于、弋、已、兀。
【金音】三、下、上、乞、、夕、千、子、寸、小、山、川、巳、才。
【水音】凡。

四畫

【木音】公、孔、亢、勾、戈。
【火音】中、之、丹、井、介、今、內、及、太、天、屯、斗、斤、止、爪、牛、丑、支。
【土音】允、元、勿、午、友、尤、尹、引、文、日、月、牙、王、元、云、匀、牛。
【金音】四、丑、仁、什、切、升、收、壬、少、心、手、日、氏、水、、仍、双、尺、仇、止。
【水音】不、互、分、匹、化、卞、反、夫、巴、幻、戶、方、木、比、毛、仆、丰、火、片。

五畫

【木音】古、切、可、瓜、甘、刊、五、丘、加、去、句、叫、外、巧、巨、玉、瓜。

【火音】令、加、占、主、巨、冬、他、代、只、仗、另、句、召、尼、正、田、旦、奴、凸、札、立、叮、仝、伏、台、奶、立、凹。

【土音】五、外、央、右、未、永、以、戊、玉、瓦、由、幼、凹、用、仡。

【金音】仕、巧、丘、仙、兄、司、且、史、左、世、出、市、玄、仔、冉、朩、示、生、中、充、主、仞、仟、冊、加、占、去、只、叫、巨、求、正、甲、申、石、匝、甩。

【水音】丙、平、母、弘、末、包、本、弗、北、必、丕、半、布、皿、目、乏、禾、皮、疋、矛、乎、付、兄、卉、半、戊、民、冰、玄、白、卯。

六畫

【木音】伉、光、匡、共、各、考、交、件、价、企、伍、伎、仰、吉、圭、曲、机、艮。

【火音】六、仲、吉、州、朱、兆、决、匠、地、旨、朵、吏、列、吐、多、年、劣、同、打、汀、至、臼、灯、竹、老、舟、奸、伎、吊、吏、圳、妁、宅、州、弛、机、老、肉、虫。

【土音】伊、仰、伍、印、因、宇、安、屹、有、羊、羽、而、耳、衣、亦、吃、夷、聿。

【金音】丞、企、休、任、先、全、再、冲、刑、向、在、夙、如、宅、守、字、存、寺、式、戌、戎、收、早、旭、旬、曲、次、此、求、弛、系、肉、臣、自、舌、血、行、圳、西、休、交、件、企、匠、吉、奸、尖、而、至、色。

【水音】伏、后、名、回、好、妃、帆、灰、牟、百、份、米、伐、亥、卉、亥、冰、刑、合、向、旭、朴、系、行、氾、复。

七畫

【木音】克、告、改、攻、更、杆、谷、況、伽、估、君、吳、吸、吾、圻、均、坎、研、完、局、崎、我、戒、杞、江、宄、見、角、言。

【火音】住、佔、低、佃、兌、里、冷、伶、利、助、努、君、吝、呂、壯、妓、妞、局、弄、廷、弟、彤、志、戒、托、杖、杜、呆、李、江、男、究、良、見、角、具、皂、里、舟、佟、你、体、但、佗、兔、卵、呈、址、均、妥、孜、廷、池、汋、足、甸、町、豆、吞、玎。

【土音】位、佑、余、冶、吾、吻、完、尾、巫、廷、役、忘、我、攸、言、吧、酉、吟、吳、研、呆、角。

【金音】七、串、伸、佐、作、些、伽、似、初、吹、呈、坐、孝、宋、岐、岑、希、床、序、巡、形、忍、成、杏、材、杉、束、村、杞、步、汝、汐、池、私、秀、赤、足、身、車、展、巡、系、走、辛、估、伺、住、余、助、劭、劬、邵、吸、坐、壯、妝、局、床、志、戒、汕、江、灶、見、即、却、克、早。

【水音】亨、何、佈、伯、伴、佛、兵、判、別、含、坊、妙、宏、旱、每、汗、甫、牡、況、免、孚、孝、尾、巫、希、庇、形、忙、杏、呆、步、汛、貝、亨、吽、兒。

八畫

【木音】供、侃、刻、卦、固、坤、姑、官、岡、庚、快、抗、昆、果、空、乖、亟、其、具、券、卷、奇、委、季、宜、居、屆、岢、岸、杰、佳、冓。

【火音】京、侄、佳、來、例、制、到、兔、丙、典、卷、周、呢、坦、奈、狄、妮、姊、宙、定、居、屜、帖、底、店、征、忝、忠、念、技、投、政、枝、東、林、汰、決、玖、知、的、直、糾、肌、金、兩、乳、侏、佰、侗、佻、佬、侖、具、冽、卓、拈、抉、妲、妳、妯、宕、岱、岭、岧、呢、帖、帙、底、迪、抒、林、杼、沓、妒、竺、長、劼。

【土音】依、侑、味、夜、委、宜、宛、岳、岸、岩、往、亞、武、於、易、昂、旺、沅、沃、汪、物、雨、艾、臥、侇、佯、兒、咏、抑、昀、炎、艾、往、杳。

【金音】事、享、侍、使、侈、剎、刺、協、卒、洽、沁、取、受、叔、垂、奇、始、炊、姓、妻、妾、尚、屈、弦、所、承、昌、昇、昔、松、欣、沙、沈、社、舍、炊、采、長、青、垂、幸、亟、侚、佳、售、侁、兒、爭、其、券、刷、制、効、刱、卹、卷、兕、姐、姒、姍、季、炙、宗、屆、岫、巷、征、承、炁、昔、析、枕、狀。

【水音】八、並、佩、丞、和、命、坡、坪、奉、孟、帛、水、府、佛、彼、忽、或、戽、房、扮、枇、扶、放、昏、朋、服、明、杭、杯、枚、板、沛、沐、汾、版、牧、虎、門、阜、秉、享、侔、効、協、味、呼、妹、姆、宓、岳、岷、岪、巷、幸、彼、放、旼、昊、枋、杷、沛、沐、版、牧、盲、門、非、秉、阜。

九畫

【木音】冠、奎、皈、客、故、柑、柯、況、看、科、肝、革、屋、癸、砍、禹、軌。

【火音】九、亭、亮、柱、俊、侶、冒、段、勁、南、姪、姬、姜、姣、宦、帝、度、痔、建、徒、律、怠、急、招、拒、拓、拙、拉、昭、架、柱、柳、段、注、泰、治、炤、炭、界、皆、突、紀、紂、耐、肚、致、計、訂、軍、酊、泰、俐、胄、厘、咨、姝、姮、姿、柁、沱、炭、敉、紂、重、拏、珏、瓴、囲、虫、眈。

【土音】俄、俞、勇、威、娃、姻、姚、姨、屋、幽、彥、奕、哀、哇、玟、怡、押、映、昱、韋、油、泳、沿、姚、畏、烟、盈、禹、約、耶、衍、要、頁、音、韋、昱、易、柚、胤、垚、彧、昆、易。

【金音】信、俠、係、俗、促、俏、前、則、奏、契、姹、妊、姝、姿、室、宣、巷、咱、哉、思、性、施、昨、是、春、星、查、柴、柵、柔、染、泉、帥、甚、相、省、砂、祈、秋、穿、肖、重、首、酋、食、香、俏、侵、俟、妊、姺、娀、峙、峋、衵、注、沐、炤、炷、祉、貞、亯、姹、姺。

【水音】泓、侯、保、便、冒、勉、匍、奔、品、佩、盃、封、後、哈、皇、拔、抱、怕、拜、柏、柄、玫、泌、法、炮、炳、玫、皇、盆、眉、紅、美、虹、秒、表、負、面、風、飛、胃、勃、厚、咸、叛、孩、奐、垕、宧、屏、枰、某、沫、河、泛、昞、赴。

十畫

【木音】庫、恭、拱、格、桂、根、耕、耿、股、肯、貢、高、個、剛、哥、宮、徑、挂、洸、臬、祐。

【火音】徑、徒、倜、佸、拯、指、拿、料、旅、晉、朕、桌、桔、桃、桐、洞、流、洛、酒、烝、烈、特、玲、珍、真、矩、祝、秩、租、站、級、紙、納、紐、者、肩、芝、記、討、託、酌、酒、針、釘、隻、挑、借、倒、值、俱、倪、倘、倫、兼、唐、哲、娘、旃、娟、娜、展、峻、准、凌、洲、套、爹、特、留、倆、倓、倜、島、崀、庭、迺、恫、恥、烙、料、晁、栗、株、洮、津、玳、畜、砥、砧。

【土音】恩、按、案、殷、烏、祐、洋、秧、翁、紋、耘、育、芽、芸、蚊、袁、烟、倚、原、員、埃、娥、宴、峨、殷、倚、娛、容、峪、晏、栩、移、益。

【金音】差、師、席、座、徐、恰、息、恕、肩、持、拳、拾、時、書、曹、校、朔、桑、栽、殊、氣、洽、洩、珊、祠、神、祖、秦、秤、索、素、紗、紓、純、虔、訖、訓、財、起、軒、苓、閃、迅、倩、倖、修、倉、城、夏、孫、宰、容、射、峽、剩、厝、奚、畜、春、乘、借、准、淞、奘、宸、宵、帨、扇、指、拭、牲、洵、洳、狩、珊、祚、祐、租、站、宸、宬、挈。

【水音】旁、晃、桓、活、洪、畔、畝、眠、破、砲、秘、粉、紡、肺、肥、航、般、芳、芙、花、配、馬、候、倍、俯、俸、們、圃、埋、娩、峯、肪、涵、畔、埧、埔、娩、害、恢、恍、恒、栢、派、洹、玻、泌、祐、唄。

十一畫

【木音】國、寇、崑、康、苦、袍、規、貫、夠、釦、勘、堃、崞、崗、梗、欸、珪、珙。

【火音】偕、假、健、停、偵、剪、動、翎、唸、基、堅、堂、堆、婧、寄、專、崙、張、得、教、救、朗、條、梁、梯、械、梨、浙、浪、珠、略、皎、眷、窕、竟、章、第、終、累、舵、苓、袈、訣、近、釣、頂、鳥、鹿、將、那、庶、振、挺、捉、捐、甜、祭、趾、釣、圇、堆、淩、崍、崙、帶、帳、彫、徠、悌、晝、梁、梃、桶、町、婁。

【土音】偉、偶、務、唯、問、域、婉、寅、尉、御、帷、庸、悟、悠、悅、敖、晚、梧、浴、眼、研、移、胃、翊、苑、英、迎、野、魚、欲、涴、翌、圉、娍、崟、珥。

【金音】乾、做、區、卿、參、售、啟、商、唱、娶、婦、宿、崇、崎、崔、常、強、從、悄、敘、旋、晨、晟、族、消、爽、牽、犀、率、產、祥、絃、紳、細、紫、組、紹、婧、羞、習、邢、鄒、舷、船、茄、若、處、術、袖、設、訟、責、赦、雀、雪、頃、彩、常、孰、戚、偵、匙、圊、執、將、專、就、崢、崧、巢、庶、彩、悉、戚、旌、曹、梓、淅、笙、釧、雪、阡、珣、甂。

【水音】凰、毫、培、婚、婆、婦、密、彬、彪、患、斌、曼、海、浩、烽、班、珮、瓶、畢、盒、符、鄰、胡、背、胞、胖、舶、范、茅、苗、茂、袍、被、覓、訪、貨、販、返、閉、麥、麻、邦、壺、票、冕、副、埠、屏、涵、捕、敏、皓、梅、毫、第、珩、艴、苹、苾。

十二畫

【木音】敢、款、殼、淦、焜、筐、給、貴、辜、鈎、開、雇、凱、崑、詒、詣、貴、軻。

【火音】幾、蛟、植、堵、堤、奠、嵐、幀、惇、掌、掘、捲、捷、掏、掎、推、探、接、敦、景、智、晶、替、朝、椒、棠、棧、殖、涼、淘、添、淡、淨、焦、犂、琉、登、竣、童、筋、答、筒、等、粥、粧、結、統、脂、能、脊、胴、荐、萁、茱、街、註、診、理、荔、詔、眨、貼、屠、貸、軫、迢、廸、迦、量、鈞、鈕、間、集、傑、勞、單、婷、喋、傳、塘、塔、暖、楠、殿、渡、湯、軫、婷、嵐、崴、稊。

【土音】堯、幃、幄、惟、掩、椅、涯、液、淵、焰、為、異、硯、茵、越、軼、阮、雁、雅、寓、雲、雯、媛、圍、喻、越、貽、詠、婺、媛、嵒、崿、崴、焱、琬、琰、畬。

【金音】創、廂、象、尊、情、捨、授、散、斯、晴、曾、最、朝、棋、棗、欽、淳、淅、清、深、然、琇、球、現、甥、疏、盛、稅、程、稍、窗、策、筍、絜、絨、絲、絮、翔、胸、舒、草、茲、荏、茸、裁、視、訴、詞、象、趁、超、邵、鈔、閒、閑、閨、雄、順、須、項、傘、凳、勝、喜、喬、善、茹、婿、荃、琇、琪、琮。

【水音】勞、博、堡、報、富、寒、嵋、帽、幅、幫、弼、復、彭、徨、徧、惠、扉、排、敝、斑、酣、普、棉、棒、棚、涵、混、淼、淮、淝、牌、猛、犇、畫、番、發、皓、脈、茗、評、賀、費、買、貿、迫、鄞、閔、防、阪、黃、備、傅、傍、博、媒、媚、黑、瓿。

十三畫

【木音】匱、瑰、幹、感、揆、楷、港、琨、莞、誇、鼓、該、賈、部、鼓、瑄、琨。

【火音】傳、湉、僅、塗、塔、塘、廊、廉、提、敬、斟、極、楠、殿、湯、渡、減、煉、照、琳、暖、煎、琢、琤、當、督、晴、碇、祿、甄、稚、靖、絹、經、莖、莒、荻、蒞、莊、莉、蜀、裡、裝、解、解、詹、鼎、買、路、亦、退、鈴、鉅、院、雋、電、雷、靖、頓、暖、楨、解、路、嫁、農、貯、貸、貼、軫、迪、鈉、湍、琳、當、輅、鈴、鼓。

【土音】暐、庸、園、圓、奧、愛、意、揚、援、握、榆、業、楊、椰、湧、汽、渭、游、煒、爺、煙、猷、猶、煜、碗、筠、義、肄、莞、莠、虞、蛾、裕、詠、詣、郁、鈺、雍、阿、預、飲、椰、楊、莠、衙、瑩、媱、嵡、暈、湲、渥、溫、湋、琬、琰、畹、筵、肄、虞、裔、雍、湲、畹、湲、淡、嫈。

【金音】催、傳、勤、勢、嗣、塞、嵩、廈、新、暄、暇、楸、楙、楚、歲、湘、測、湊、煦、琴、琪、琦、睡、祺、稔、稠、筮、粲、綉、群、羨、聖、肆、肅、脩、莎、裙、詡、詩、試、詮、詳、資、載、送、鉛、阻、雌、頌、馳、熙、暇、暄、琮、碁、塞、嵩、想、楸、楨、椿、歲、渚、照、湛、湘、煮、煣、琛、琤、莊、莘、裟、輇、軾、載、頌。

【水音】幕、滙、彙、惶、揮、描、換、楣、楓、湖、渾、渺、渙、煝、煌、煥、煤、煩、琶、琥、盟、睦、碑、稟、聘、腑、荷、莫、號、蜂、補、話、酩、迴、附、頒、飯、暉、募、煲、琥、稟、嫩、渼。

十四畫

【木音】廓、愧、犒、溝、箇、管、綱、菓、誥、閨、魁、構、歌、愷、愧、榦、榮、構、銚、閣、閨、魁、魟、蝦、搿、槁。

【火音】通、連、這、甄、兢、嘉、團、圖、獎、嫡、對、僚、僥、屢、嶂、嶄、彰、廖、態、溜、監、禎、種、端、箕、箋、箏、精、綠、緊、綾、綸、置、罩、聚、肇、壹、艦、菊、菱、菟、萄、誌、誕、郡、郎、銅、降、領、態、寧、塵、埣、暢、槨、溱、滋、滇、爾、萊、菱、誕、趙、逐、銘、領、溱、瑙、璟、嫥、奩。

【土音】聞、嫣、愿、溫、源、溢、爾、瑜、瑛、瑗、瑋、維、與、舞、菀、誘、語、郢、銀、搖、榕、榮、溫、燮、溶、滃、瑀、菸、菀、鞅、鳶、瑛、瑀、僖。

【金音】逑、速、逍、腎、壽、塾、塵、嫩、察、實、像、僑、僧、嶇、慈、滋、滄、溶、溼、溪、熊、獅、瑞、瑟、瑄、碩、算、粹、綢、綜、綵、綽、綺、翠、腎、菁、萃、菜、菖、裳、認、誓、誦、說、誠、輕、菘、造、速、銜、銓、限、需、韶、飼、飾、慈、旗、暢、榮、榕、齊、熏、僦、嘗、墅、獎、實、寨、愬、慎、慈、準、溯、瑜、碩、箏、算、菁、臧、菘、誌、誡、說、逍、銓、韶、堪、竭、搴、蕊。

【水音】逢、夢、僕、幕、滑、瑚、瑝、琿、碧、福、綿、翡、腑、萍、華、菲、菩、蜜、裴、豪、貌、賓、輔、郝、銘、閣、閥、陌、頗、飽、鳳、鳴、鼻、榜、槐、溥、嫚、博、熀、輔、嗚、鼻、滏。

十五畫

【木音】寬、廣、慷、慣、概、瑰、葛、葵、課、逵、郭、穀、稿、靠、摜、溉、郭。

【火音】儉、著、價、厲、劇、劍、劉、嬌、逵、寮、履、幟、彈、徵、德、慮、摘、敵、整、暫、樁、閭、樂、樓、樟、滴、漸、滷、漲、漿、瑯、練、締、蒂、駘、落、著、董、葶、蝶、調、諄、談、諍、諒、論、質、駝、踐、輪、逮、週、進、醇、鋁、陣、震、霆、駕、駐、稽、稻、稷、節、蒂、剪、畿、魯、黎、儂、潞、墩、塾、墰、嫽、寮、幢、嶙、徹、慮、摯、樑、樟、漣、漳、禛、腦、鍛、褚。

【土音】億、儀、影、慰、憂、樂、樣、歐、毅、演、漁、熬、熠、熨、瑤、緣、緯、腰、萬、瑩、葉、葦、禕、誼、逸、鄄、閱、院、鞍、頤、養、優、欲、潁、滎、糊、緩、葳、衛、騎、鄄、嫵、嵚、嶢、鑒。

【金音】署、嘯、嬋、審、層、廠、厨、廝、徹、慶、摧、數、樞、漆、熟、熱、線、腸、興、萱、衝、褚、誰、請、賢、賞、賜、趣、嫺、醉、銳、銷、爽、陞、霄、鞋、駟、確、磁、窮、箭、箱、豎、輟、墠、幟、嫛、陞、慥、漩、膝、潡、漸、漿、瑲、箴、節、緒、翦、萩、葱、蒽、諍、諄、質、踐、醉。

【水音】罰、劃、嘩、墳、墨、幣、廢、廟、慧、慕、慢、敷、暮、樊、標、模、滸、漢、滿、漫、漂、瑪、緩、編、腹、舖、葆、葡、葫、蝴、複、賣、賦、輝、輩、部、鋒、鋪、陛、盤、碼、箒、範、糊、髮、麪、魔、嶓、慧、摩、滬、滸、漠、磐、皜、鋒、霂、褒、弼、葒。

十六畫

【木音】窺、糕、膏、蓋、鋼、龜、購、器、墾、橫、橄、篙、館、錧。

【火音】儘、壇、導、憚、儞、戰、撰、潒、整、曆、曈、暸、曇、暨、機、橘、潔、潭、燈、蓁、墐、璋、盧、積、築、蒸、諸、諦、諾、練、豬、賴、蹄、輯、道、達、都、錄、錦、錠、陸、陶、陵、霓、霖、靜、頰、頭、龍、雕、疆、腿、臻、赚、靜、駱、蒞、儔、橙、歷、潤、潼、潾、澄、澈、燂、篤、縉、縝、臻、蒞、蓁、諄、遁、駣、鴦、築。

【土音】燕、螢、潁、衛、謂、謁、諳、諺、諭、豫、逾、遊、運、陰、餘、鴛、鴦、壅、嬴、蓉、蓊、螢、圜。

【金音】勳、儒、器、學、憲、熹、憧、蒨、曉、橋、樵、橙、橡、樹、澄、潤、潮、潛、甑、蒔、璇、聰、曉、燊、融、親、諶、諧、輸、遂、醒、錢、錡、錯、錩、陳、陲、勳、賽、蓉、蓄、蒼、儕、潚、澍、蕝、蓆、諝、諠、錚、錫、閶、駪。

【水音】樺、壁、奮、播、撫、橫、澎、潘、磨、翰、蒙、衡、謀、諱、諷、辨、錨、陪、霏、默、蒲、蓓、濱、嬖、寰、憑、燕、潁、縕、罃、蓉、蓊、螢、遊、運、鄆、陰、餘、潁、鴛、鴦、樺、髭。

十七畫

【木音】懇、檜、糠、濶、館、階、瞰。

【火音】勵、嶺、懂、擋、擔、據、撿、檀、檢、氈、激、濃、燭、獨、瞭、瞳、磯、磷、績、聯、膠、膛、臨、舉、蓮、蔗、蔣、講、遞、輾、鍊、鍍、鍛、鍾、鍵、隆、隊、隄、階、隸、駿、黛、點、斂、澤、澧、潞、璞、澄、蓮、蔆、蓪、蓧、潞、瞷。

【土音】優、嬰、嶼、嶽、嬴、應、憶、擁、澳、營、蔚、蔭、輿、遠、遙、轅、鄔、甕、檍、謚、豁、轀、輿、遙、遠、鄔、鍰、闈、陽。

【金音】 償、擇、擅、操、澤、澡、燧、瞬、禧、禪、穗、簇、縱、總、聰、聲、膝、蔡、襄、謝、謙、遣、遜、鄒、鄉、隋、雖、霞、霜、鮮、戲、罾。

【水音】 鴻、壤、嬪、彌、帮、檜、璞、篷、縫、繁、褒、錨、韓、蔓、壑、徽、懋、擘、膚、澣、甓、䨲。

十八畫

【木音】 櫃、壙、壙、歸、繢、簣、鎧、闓、濶、獷。

【火音】 戴、擬、擡、擠、濟、爵、濤、禮、簡、糧、職、聶、舊、蕉、謹、轉、遮、顓、題、壘、鎮、儲、擣、檮、燾、穠、藜、蕋、遲、鼇、鎡、騄、騋、鯉、璫。

【土音】 翼、蕓、謳、醫、隘、額、顏、濼、燿、熨、璦、壅、豬、蔿、鎔、鎰、鎣、隗、彝、滙、甖。

【金音】 儲、叢、擦、曙、濕、礎、簪、織、翹、蕭、蕊、蟬、瑞、適、雙、簫、繡、鎔、鎖、壘、戴、擣、斷、檮、檸、檯、濤、濘、燽、燾、爵、璐、璫、禮、穠、簦、糧、藜、蕊、蕋、顓。

【水音】 檳、濛、濱、濠、獲、璧、環、蕃、蕙、豐、龐、濠、濩、璧、蕢、馥。

十九畫

【木音】擴、關、鏗、騤、鵾。

【火音】廬、疆、禱、簾、薦、蕾、薔、繭、膽、襟、譚、證、轎、遼、鄭、鄰、鄧、類、鯨、麗、麓、鏡、覺、際、櫓、櫟、濼、稜、譈、遴、鄲、醰、鏈、鏕、鏜、韜。

【土音】韻、穩、薏、薇、膺、臆、蟻、襖、遺、霧、願、韻、嚥、嬿、瀅、艷、蕷、蘿、薀、薆、稜、鏞、霧、韞、鏊。

【金音】勸、璽、薛、薪、繫、繩、蟹、識、贊、辭、遵、選、遷、麒、寵、璿、勷、憤、瀋、薦、譙、鏇、鏃、鏟、際、纇、鯧、鶉、鵲、暹、暹、璽、薟。

【水音】攀、簿、繪、鵬、龐、瀑、嚧、寶、禰、穫、繫、薛、譜、譓、轓、鏌、鏝。

二十畫

【木音】礦、礎、闞、歸。

【火音】藉、藍、攏、瀝、瀧、競、籍、籃、繼、羅、艦、覺、警、鐘、隣、露、騰、黨、齡、嘉、蒨、櫪、瀘、瀨、爐、爵、瓅、礪、皪、竇、籗、籌、醲、醴、鐓、藎。

【土音】嚴、瀛、耀、譯、議、邀、懿、瀛、贏、甗、薳。

【金音】薩、藏、薰、壤、懸、曦、瀟、瓊、籌、臍、馨、釋、獻、壞、孀、籍、繻、纂、艕、藉、譫、鏞、鐎、鐘、騄、騍、鶩、璹、孅、蘱。

【水音】寶、懷、瀚、繽、還、邁、飄、臏、朦、蕢、瀕、譬、鏵、鐇。

二十一畫

【木音】顧、鐶。

【火音】儷、欄、籐、鐵、鷄、鐲、囊、壚、藤、蠡、覽、譸、鐳、鐸、鐺、臏、麗、爛、瓏。

【土音】櫻、藝、藥、藕、礐、躍、邇、鶯、鷁。

【金音】儹、險、續、隨、屬、攘、瀼、礐、鶯、鷄。

【水音】藩、護、轟、辯、闢、霸、鶴、鐶、豐、譹、譁、邈。

二十二畫

【木音】灌、壟、爟。

【火音】疊、籠、蘆、讀、鑑、鑄、孋、孌、龍、籙、籟、轤、蘼、藥、藺、驔、鵯、鏈。

【土音】懿、藹、隱、瓔、蘊、鱅。

【金音】響、攝、權、藻、蘇、襯、鬚、驍、瓖、禳、穰、襲、讚、鑄、鑐、韆、郴。

【水音】歡、蘋、邊、鰻、鑌、澧、鑊。

二十三畫

【木音】鐮、瓘、戀。

【火音】戀、蘭、體、麟、灘、欒、轣、鏐、鑠、鱗。

【土音】驛、驗、讌、纓。

【金音】曬、灑、籤、纖、顯、髓、瀨、鑕、鑽。

【水音】變、蘗、鷉、鶓。

二十四畫

【木音】罐、贛。

【火音】靂、靈、隴、釀、鹼、鑪、鱧。

【土音】鷹、靄、鷴。

【金音】鑫、讓、蠶、臟、矗、囑、穳、襸、瓚。

【水音】壩、鷺。

二十五畫

【木音】觀、戇、覿。

【火音】廳、籬、纚、黎。
【土音】錀、醱。
【金音】鑲。
【水音】釁、酆、灝、讙。

二十六畫

【木音】鑵。
【火音】邏、驢。
【土音】灣。
【金音】讚。

二十七畫

【火音】鑾、灤、驥。
【土音】鑼。
【金音】鑽、鑿、驤。

二十八畫

【土音】黝、艷。

【水音】驩。

二十九畫

【木音】鸛。

【火音】驪。

【土音】鬱。

三十畫

【火音】鸞、鸝。

三十一畫

【火音】籲。

備註：筆畫二十五以上的字，幾乎不會來取用為名字，所以字音五行僅選出部分作為參考。

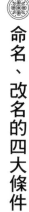

第六章 姓名學實例解說運用

命名、改名的四大條件

1. 基本八字命局的吉凶，和五行旺衰不足的彌補或消洩。
2. 三才五行格筆畫的靈數吉凶，和五行旺衰的字音五行之配合。
3. 字體形、音、意的搭配，或有家族特殊意義的字之選用。
4. 參考出生年生肖配合倉頡字根、字首作選擇。

就老師多年為人命名的經驗，要綜合考慮以上幾個條件，有時實在挑不出幾個適當的字。而有的父母在幫小孩取名時，會自行去買書或請教其他老師，其碰到最大的問題就是「字音五行」的認定。如「張」字字音「ㄓ」，五行屬「火」，但也有其他老師以「河洛音」發音，認為其屬「木」，眾說紛紜而讓人無所適從。

這就是何以姓名學會以「八十一筆畫數吉凶」為立論主軸，因為這個參考條件最清楚明確。可是仍有許多命理界大師非常不認同此一論述，所以筆者想藉由此書告訴讀者，名字的選用並不會造成影響今世運勢的絕對吉凶變化，一切還是要以自己所喜歡的名字為主，不必過於拘泥「字音五行」，而筆畫數吉凶也是參考參考即可。

相較之下，老師還是最注重字體的「形」、「音」、「意」，畢竟這才是文字的根本，千萬不要為了彌補八字命局中的五行缺失，而硬取出一些很奇怪的姓名，如「林曜鏦」、「王胺樺」，這一看就知道是為了彌補「五行」，而在部首或字根上硬加上「日」、「金」、「月」、「木」等，這都不是很適當的作法。

命名的步驟

一、依出生年、月、日、時將八字命局排出

1. **先瞭解日柱天干為何：這很重要，它是這個人的命主五行。**
2. **統計八字命局中的五行：若地支的五行星宿有兩個以上，請看第一個即可，其他的暫時不必理會。**
得出的結果例如是「木×3」、「火×1」、「土×2」、「金×2」、「水×0」，因此瞭解此一命局是嚴重缺「水」，而「木」、「金」有偏旺的現象。
3. 大概知道八字命局中的吉星宿是旺或衰、是多還少？若是凶星宿又多又旺，是業力深重的凶險

命局，那麼名字是絕對幫不了什麼忙的，就須從八字格局和三世因果業力來著手。

二、決定三才五行格的五行組合

1. 以八字命局五行的旺衰，和姓氏字音的五行，決定姓名之中該選用哪些五行。
2. 依筆畫數的吉凶，選出適合的名字組合。老師不建議選用筆畫數過多的字，一般以十畫以下最適合，若是沒有適當的組合，也盡量不要超過十五畫。
3. 名字筆畫數若能依「奇、偶、奇」之類奇偶數陰陽交替最好。
4. 若筆畫數的靈數吉凶無法天、人、地、外、總格五個數皆吉時，一般先以「總格」數為主，如「24」、「32」均是吉數。

如「黃12」，吉數組合有「12・3・10」、「12・3・14」、「12・4・9」、「12・9・12」、「12・11・10」、「12・13・10」。

其他如「12・3・22」、「12・13・20」等筆畫數懸殊過大和過多，都不建議選用。

三、由適合的組合中選出字群

1. 上例「12・4・9」或「12・9・12」，可以從筆畫數「4」、「9」、「12」的字群中，選出適當的字組。

2. 再由此字組中區分出「字音五行」。

如：4屬木字群：丐亢公勾及夬孔毌

4屬火字群：中丹之井介仂仃仉今內及太勼及弔廿斗斤旡止歹爪牛

4屬土字群：与尹予云元匀「午」友引文文月毋爻牙王

4屬金字群：「丑」亓亓仍仇切升四「壬」少尺心手「日」欠殳氏「水」犬

4屬水字群：冇不丏手互仆分化反夫巴市幻戶方「木」比毛火父片

四、字音五行和倉頡字根部首五行的衝突

1. 從此例選字中，我們發現「水」字竟是屬「金」而不屬水，若是用倉頡字根來看，「水」字五行則是屬「水」。

2. 以「」圈起的字，其字音五行和倉頡字根五行幾乎都有衝突。

3. 依老師之見，應以倉頡字根五行為優先。

字音常會有差異而導致五行有所差別，相較之下，倉頡字根五行明確許多。

五、字體形、音、意的選取

1. 最後由吉數筆畫和適合五行的字組中，再選出讀音好聽、字意正面、字形好看的字。

如上例「4屬火」中選出較適合的字組為：中之井介今太斗；其餘的字如：仂仃仉弔歹爪牛，

應該沒有人會用來當名字吧！

2. 在讀音上最好也有平仄的起伏變化。

如：「黃國耀」會比「黃國華」聽起來有精神；而「高克毅」似乎又有點過於剛烈。

3. 字形不要落差太大

如：「李麗華」字形都很方正飽滿，「李世民」字形也很均衡；

而「陳中慶」的「中」字感覺就單薄很多，好像被上下兩字擠壓一般；

又如「楊一中」更是極不協調，有頭重腳輕的感覺。

案例一：張小妹妹命名實例解說

一、八字命局簡單批論

命主「乙木」；命格「劫財」。

命中吉星宿有：正印**壬**水×3、食神**丁**火×1、正財**戊**土×1，凶星宿有：劫財**甲**木×1、傷官**丙**火×1。

此命局最大的特點，就是「正印」水過旺，命中缺金，名字可以取金來補。

原出生地區 西元 2012.02.14 12:40:00 台北 中 原 時 區 西元 2012.02.14 12:40:00 對 應 農 曆 2012 年 01 月 23 日 午時 陽女	立 春 西元 2012.02.04 18:22:22 驚 蟄 西元 2012.03.05 12:21:01

八字命盤

年柱	月柱	日柱	時柱
正印 壬 辰 戊正財 乙比肩 癸偏印	正印 壬 寅 甲劫財 丙傷官 戊正財	命主 乙 巳 丙傷官 戊正財 庚正官	正印 壬 午 丁食神 己偏財

大運：【實歲】

4	14	24	34	44	54	64	74
七殺	正官	偏財	正財	食神	傷官	比肩	劫財
辛丑	庚子	己亥	戊戌	丁酉	丙申	乙未	甲午
己偏財 癸偏印 辛七殺	癸偏印	壬正印 甲劫財	戊正財 辛七殺 丁食神	辛七殺	庚正官 戊正財 壬正印	己偏財 乙比肩 丁食神	丁食神 己偏財

二、決定三才五行格的五行組合

姓「張」，十一畫，五行為「火」；三才五行格配置為「火」、「土」、「金」，可以從三才五行格中先選出以下組合：

①、11・7・6＝24（或11・6・7＝4）

		◎	1		
		張	11	火	天格 12 ［木］
		如	6	金	人格 17 ［金］（吉）
［金］（吉）	外格 8	妘	7	土	地格 13 ［火］（吉）

總格［火］24（吉）

②、11・7・14＝32

		◎	1		
		張	11	火	天格 12 ［木］
		君	7	火	人格 18 ［金］（吉）
［土］（吉）	外格 15	瑜	14	土	地格 21 ［木］（吉）

總格［木］32（吉）

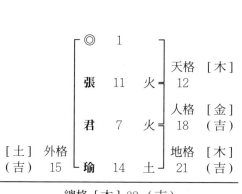

三、由適合的組合中選出字群

①、11・6・7＝24

6土：亙光考艮丞交休伉伝伊伈冰名因均夷好妁如尕宇安朵米竹衣聿羽

7金：伶佟吟君妍妙坍圻妘妤妢妗孚岍岑彤希杏秀豆貝采

建議取名：張研安、張妘如、張衣彤、張聿采

②、11・7・14＝32

7金：伶佟吟君妍妙坍圻妘妤妢妗孚岍岑彤希杏秀豆貝采

14金：嫦瑚瑜瑗瑟瑄瑛甄碧禎綿綸綧菫舞萓鳳鉸裴

建議取名：張君瑜、張妤瑄

四、字音五行或倉頡字根部首五行的選取

「張君瑜」：雖然字音五行未能符合三才五行格的五行搭配，但此命生肖屬龍，「君」有「口」、「瑜」有「王」等字根，念音平順、婉轉，適合女孩。

「張妤瑄」：因命局缺「金」，此一格局字音五行有「金」可以彌補，且「火」生「土」，「土」生「金」，也是相生格局，可使「金」氣磁場更加旺盛。

而「瑄」也有「王」字根，適合生肖屬龍的格局。

五、字體形、音、意的選取

以上筆者所建議的名字僅供參考，父母可以依喜好、讀音順暢、字形優美，或字的特殊代表含意等條件來選用組合。

筆畫八十一數之靈動吉凶參考

請參閱前面所附的「筆畫八十一數之靈動吉凶」，分別瞭解以下五格的吉凶代表意義。

如**「張妤瑄」**

天格：12（不足）。表示父母宮和父母互動的吉凶關係、家族的遺傳，或自身的先天吉凶運勢。

人格：18（權力）。表示自己本身的個性，或和夫妻、親人間互動的吉凶關係。

地格：21（月明）。表示晚年的吉凶運勢和疾病健康狀況。

外格：15（福祥）。表示外在和朋友互動的吉凶關係。

總格：32（僥倖）。表示今生整體的運勢吉凶變化，包含工作、財運、婚姻感情等。

	◎	1		
	張	11	火	天格［木］12
	妤	7	火	人格［金］18（吉）
［土］外格 15（吉）	**瑄**	14	土	地格［木］21（吉）

總格［木］32（吉）

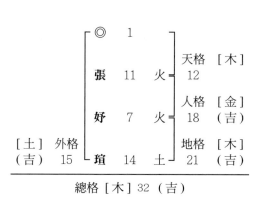

案例二：呂小妹妹命名實例解說

一、八字命局簡單批論

命主「乙木」；命格「偏財」。

命局中，「金」×2、「土」×2、「木」×2、「水」×1、「火」×1，五行之中「金」氣偏小旺，缺少「水」氣，而且有金氣過旺剋木氣的沖剋之象，因此建議可以取「水」來化解「金氣」，產生「金」生「水」、「水」生「木」的通關順生好現象。而且喜用星宿為「壬水、正印」和「午火、食神」，因此建議命名可以取用「水、木、水」五行的組合，來補命局中的不足之處。

原出生地區　西元 2012.02.04 11:30:00　台北 中原時區　西元 2012.02.04 11:30:00 對應農曆　2012 年 01 月 13 日　午時　陰女	小寒　西元 2012.01.06 06:43:54 立春　西元 2012.02.04 18:22:22

八字命盤

年柱	月柱	日柱	時柱
七殺	七殺	命主	正印
辛卯	辛丑	乙未	壬午
乙比肩	己偏財	己偏財	丁食神
	癸偏印	乙比肩	己偏財
	辛七殺	丁食神	

大運：【實歲】

1	11	21	31	41	51	61	71
正印	偏印	劫財	比肩	傷官	食神	正財	偏財
壬寅	癸卯	甲辰	乙巳	丙午	丁未	戊申	己酉
甲劫財	乙比肩	戊正財	丙傷官	丁食神	己偏財	庚正官	辛七殺
丙傷害		乙比肩	戊正財	己偏財	乙比肩	戊正財	
戊正財		癸偏印	庚正官		丁食神	壬正印	

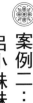

二、決定三才五行格的五行組合

姓「呂」，七畫，五行屬「火」；三才五行格配置為火、木、水，可以從三才五行格中先選出以下組合：

①、7・6・5＝18

外格	字	筆畫	五行	三才
	◎	1		
				天格 [金] 8
	呂	7	火	
				人格 [木] 12 (凶)
	卉	5	水	
[金] 外格				地格 [木] 11 (吉)
(吉) 7	**安**	6	土	

總格 [金] 18 (吉)

②、7・6・12＝25

外格	字	筆畫	五行	三才
	◎	1		
				天格 [金] 8
	呂	7	火	
				人格 [火] 13 (吉)
	如	6	金	
[火] 外格				地格 [金] 18 (吉)
(吉) 13	**晴**	12	金	

總格 [土] 25 (吉)

③、7・8・10＝25

外格	字	筆畫	五行	三才
	◎	1		
				天格 [金] 8
	呂	7	火	
				人格 [土] 15 (吉)
	孟	8	水	
[木] 外格				地格 [金] 18 (吉)
(吉) 11	**倫**	10	火	

總格 [土] 25 (吉)

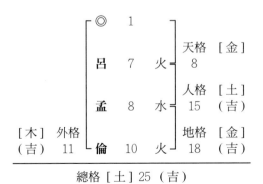

三、由適合的組合中選出字群

①、7・6・5＝18

6木：亙光考艮丞交休伉伝伊伈冰名因均夷好妁如尕宇安朵米竹衣聿羽

5水：主仙令以冉冬央夗可卉左巧平永玄玉石

建議取名：呂伊可、呂左如、呂卉安

②、7・6・12＝25

6木：亙光考艮丞交休伉伝伊伈冰名因均夷好妁如尕宇安朵米竹衣聿羽

12水：媚媄嵋棉淮琄閔媮婷嵐惏惋景晴晶棠淳雯雅

建議取名：呂景如、呂安嵐、呂如晴

③、7・8・10＝25

8水：亞京佳佩兒依侑姈姑居宜宛孟季明香昕枋旻沂牧玖艾采雨青

10木：候倚倫原卿凌唄娟宸家容恩恬書晏栥栴栩津桐珊玳芬芮芙芥芯芳芭芝芷芙

建議取名：呂孟倫、呂宜娟、呂采芝

四、字音五行或倉頡字根部首五行的選取

此命局生肖屬兔，一般屬兔、羊、牛、馬等草食生肖，可以選用有「草」字頭的字；另外兔喜歡鑽

穴當窩，因此也會選用有「穴」或「口」等字。

「呂如晴」：五行格局為「火、金、金」，雖不符合預定的「火、水、木」順生配合，但是「如」有「口」、「晴」也有「日、太陽」和「青草」，所以可以優先考慮。

「呂卉安」：五行格局為「火、水、土」，較符合預定的「火、水、木」順生配合，而且「安」也有「穴」字頭，「卉」本身就是屬草的字體，因此也可以考慮選用。

五、字體形、音、意的選取

以上老師所建議的名字僅供參考，父母可以依喜好、讀音順暢、字形優美，或字的特殊代表含意等條件來選用組合。

筆畫八十一數之靈動吉凶參考

請參閱前面所附的「筆畫八十一數之靈動吉凶」，分別瞭解以下五格的吉凶代表意義。

如**「呂卉安」**

天格：8。表示父母宮和父母互動的吉凶關係、家族的遺傳，或自身的先天吉凶運勢。

人格：12。表示自己本身的個性，或和夫妻、親人間互動的吉凶關係。

地格：11。表示晚年的吉凶運勢和疾病健康狀況。

外格：7。表示外在和朋友互動的吉凶關係。

總格：18。表示今生整體的運勢吉凶變化，包含工作、財運、婚姻感情等。

案例三：蘇小弟弟命名實例解說

一、八字命局簡單批論

命主「甲木」；命格「正印」。

命局中，「木」×4、「土」×1、「金」×1、「水」×1、「火」×1，五行之中「木」氣過旺，其餘四氣都較弱。而且喜用星宿為「戊土、偏財」和「子水、正印」，因此建議命名可以選用「金、水、土」五行的組合，來補命局中的不足之處。土氣屬於命局

原出生地區　西元 2010.12.30　04:30:00　台北 中原時區　西元 2010.12.30　04:30:00 對應農曆　2010 年 11 月 25 日　寅時　陽男	大雪　西元 2010.12.07　13:38:22 小寒　西元 2011.01.06　00:54:37

八字命盤

年柱	月柱	日柱	時柱
七殺	偏財	命主	食神
庚寅	戊子	甲寅	丙寅
甲比肩	癸正印	甲比肩	甲比肩
丙食神 戊偏財		丙食神 戊偏財	丙食神 戊偏財

大運：【實歲】

3	13	23	33	43	53	63	73
正財	七殺	正官	偏印	正印	比肩	劫財	食神
己丑	庚寅	辛卯	壬辰	癸巳	甲午	乙未	丙申
己正財	甲比肩	乙劫財	戊偏財	丙食神	丁傷官	己正財	庚七殺
癸正印 辛正官	丙食神 戊偏財		乙劫財 癸正印	戊偏財 庚七殺	己正財	乙劫財 丁傷官	戊偏財 壬偏印

的「偏財」。

二、決定三才五行格的五行組合

姓「蘇」，二十二畫，五行屬「金」，三才五行格可配置為「金、水、土」，可以從三才五行格中先選出以下組合：

①、22・9・6＝37

		◎	1			
					天格 23	[火]
		蘇	22	金		
					人格 31	[木]（吉）
		泳	9	土		
[金]（吉）	外格 7				地格 15	[土]（吉）
		丞	6	金		

總格［金］37（吉）

②、22・10・5＝37

		◎	1			
					天格 23	[火]
		蘇	22	金		
					人格 27	[金]（平）
		右	5	土		
[木]（吉）	外格 11				地格 15	[土]（吉）
		洺	10	水		

總格［金］37（吉）

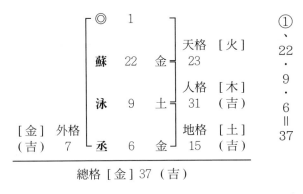

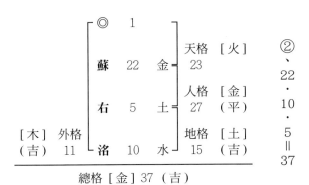

③、22・10・7＝39

		◎	1			
					天格 23	［火］
		蘇	22	金		
					人格 29	［水］（平）
		志	7	火		
［木］（吉）	外格 11				地格 17	［金］（吉）
		航	10	水		

總格［水］39（吉）

④、22・11・6＝39

		◎	1			
					天格 23	［火］
		蘇	22	金		
					人格 33	［火］（吉）
		崇	11	金		
［金］（吉）	外格 7				地格 17	［金］（吉）
		安	6	土		

總格［水］39（吉）

三、由適合的組合中選出字群

①、22・9・6＝37

9水：侯保厚品封柏昴曷沫河泊泓法沫表盼皇段泉泰泳亮亭勇冠彥律封

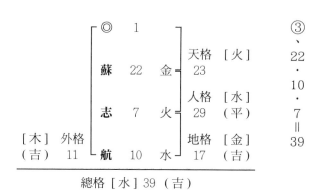

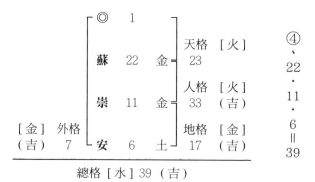

6土：亦伍印安宇有而聿丞亙企仲名合吉同寺守州曲旭旬

建議取名：蘇彥同、蘇泳丞、蘇法安

②、22．10．5＝37

10水：候倍俯們埔洪洺派洹洊桓紛翃釜航

5土：右央幼戊未用世丙主以功卡平布巨史古弘正民永氶石

建議取名：蘇古洪、蘇右洺

③、22．10．7＝39

10水：候倍俯們埔洪洺派洹洊桓紛翃釜航

7土：佒佑位吾吳巫役亨伯兌呂志更良甫

建議取名：蘇佑洺、蘇志航、蘇洪志

④、22．11．6＝39

11水：偏乾偉商參務基堂堅培紳專將寅庸崇

6土：亦伍印安宇有而聿丞亙企仲名合吉同寺守州曲旭旬

建議取名：蘇崇安、蘇偉仲、蘇守乾

四、字音五行或倉頡字根部首五行的選取

「蘇泳丞」：命局五行格局雖然以預定的「金、水、土」為佳，但是要完全符合這樣的五行組合並不容易，能選用部分符合的五行，也可以得到很好的彌補作用。

此名五行組合為「金、土、金」，金能生水、又和土相生，因此在五行格局也很適合。

「泳」字音五行屬土，但是倉頡五行卻是「水」氣很旺，此命局缺水，因此特選用來補其水氣。

「丞」字除了本身有「水」字在其中外，主要是考慮「蘇」姓筆畫多，看起來頭很重，第三字需要有穩定的功效，而「丞」字的腳座很穩，對於性情和健康會有很大的助益。

「蘇崇安」：此命局生肖屬虎，虎、狗等屬肉食生肖，一般會選用「肉、月」字根，另外老虎要在山中才能橫行，因此再有「山」字根會更適合，因此選用「崇」字。

只是字群中很難再選出帶有「月」字根，又能符合吉數筆畫的字，而「安」在整體平衡和穩定度上雖比「丞」稍差，不過有「宀」字頭，對於虎來講也是有幫助的。

五、字體形、音、意的選取

以上所建議的名字僅供參考，父母可以依喜好、讀音順暢、字形優美，或字的特殊代表含意等條件

來選用組合。如蘇丞冠、蘇有泰等也都是可以考慮選用的名字。

筆畫八十一數之靈動吉凶參考

請參閱前面所附的「筆畫八十一數之靈動吉凶」，分別瞭解以下五格的吉凶代表意義。

如**「蘇崇安」**

天格：23（隆昌）。表示父母宮和父母互動的吉凶關係、家族的遺傳，或自身的先天吉凶運勢。

人格：33（昇天）。表示自己本身的個性，或和夫妻、親人間互動的吉凶關係。

地格：17（過剛）。表示晚年的吉凶運勢和疾病健康狀況。

外格：7（權威）。表示外在和朋友互動的吉凶關係。

總格：39（富貴）。表示今生整體的運勢吉凶變化，包含工作、財運、婚姻感情等。

案例四：詹小妹妹命名實例解說

一、八字命局簡單批論

命主「乙木」；命格「正財」。

土×1、木×3、火×2、水×0、金×2，明顯命中五行缺少「水」，而且「金、木」也過旺，彼此相沖剋，所以建議名字之中可以取含「水氣」之字，來調和金和木的相剋性，水氣屬於命局的「正、偏印」，為貴人、壽星之意。

命局中吉星有「正官」×2、「正財」×1，明顯都被凶星宿所剋，會產生吉象只是短暫如曇花一現的現象；

凶星有「傷官」×2、「劫財」×2，旺度很高，以後在學業、工作和婚姻甚至健康等方面都會出現很大的波折厄運。

所以此命局算是凶星業力旺盛的格局，若是想要藉由姓名來改善此一凶險格局，其實是發揮不了什麼功效的。

二、決定三才五行格的五行組合

姓「詹」，十三畫，五行為「火」；

原出生地區　西元 2010.10.22 15:30:00　台北 中原時區　西元 2010.10.22 15:30:00 對應農曆　2010 年 09 月 15 日　申時　陽女	寒霜　西元 2010.10.08 17:26:28 立冬　西元 2010.11.07 20:42:29

八字命盤

年柱	月柱	日柱	時柱
正官	傷官	命主	劫財
庚寅	丙戌	乙巳	甲申
甲劫財	戊正財	丙傷官	庚正官
丙傷官 戊正財	辛七殺 丁食神	戊正財 庚正官	戊正財 壬正印

大運：【實歲】

5	15	25	35	45	55	65	75
比肩	劫財	偏印	正印	七殺	正官	偏財	正財
乙酉	甲申	癸未	壬午	辛巳	庚辰	己卯	戊寅
辛七殺	庚正宮	己偏財	丁食神	丙傷官	戊正財	乙比肩	甲劫財
	戊正財 壬正印	乙比肩 丁食神	己偏財	戊正財 庚正官	乙比肩 癸偏印		丙傷官 戊正財

三才五行格配置為「火、木、水」或「火、水、木」均可，可以從三才五行格中先選出以下組合：

①、13・5・6＝24

		字	筆畫	五行	格	
		◎	1			
					天格 14	[火]
		詹	13	火		
					人格 18	[金]（吉）
		可	5	木		
[金]（吉）	外格 7				地格 11	[木]（吉）
		如	6	金		

總格 [火] 24（吉）

②、13・8・10＝31

		字	筆畫	五行	格	
		◎	1			
					天格 14	[火]
		詹	13	火		
					人格 21	[木]（吉）
		亞	8	土		
[木]（吉）	外格 11				地格 18	[金]（吉）
		洛	10	火		

總格 [木] 31（吉）

③、13・10・14＝37

		字	筆畫	五行	格	
		◎	1			
					天格 14	[火]
		詹	13	火		
					人格 23	[火]（吉）
		洛	10	火		
[土]（吉）	外格 15				地格 24	[火]（吉）
		華	14	水		

總格 [金] 37（吉）

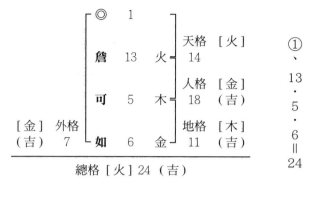

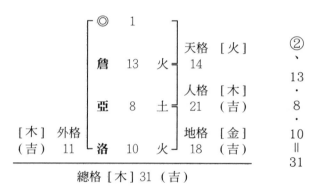

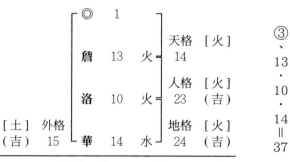

三、由適合組合中選出字群

①、13・5・6＝24

5木：可古功冉卉幼平巧夗本未永玉

6水：仿冰合好帆丞伊伝伶均如安竹朵聿衣行

建議取名：詹可如、詹伊平、詹玉伝

②、13・8・10＝31

8木：咖姑亞沐沄沈沔汪沁汾沛沂雨

10水：洪洄洹芬芙舫翃洳洛津芯芹芬芮

建議取名：詹沛芯、詹雨芹、詹亞洛

③、13・10・14＝37

10木：芬芙舫翃洳洛津芯芹芬芮

14水：夢墁綿翡萍菏菠菲鳳墐嫣嫮溱準滎榭溪潳熅溶溯瑛瑜綾綝綠緁華

建議取名：詹洳滎、詹洛華、詹芯瑜

四、字音五行或倉頡字根部首五行的選取

「詹可如」：雖然字音五行未能符合三才五行格的五行要有「水氣」的搭配，但此命生肖屬寅木

「虎」，以倉頡五行來論是需要有「山」字頭和「肉」「月」字根的字來配合。

不過若以命局「傷官」過旺的性情來看，會有剛烈、任性、脾氣不好的特性，不應再加重其寅木虎的氣勢，所以老師會建議取「可如」這種具有女人味、較「柔」的字。

「詹洛華」：三才五行格為「火、火、水」具有水的字音五行，再加上倉頡五行有「水」部首，算是「水」氣偏旺的名字，只是缺少「肉」「月」字根而有「草」字頭，可能會加重命局中「傷官」，更不重現實物質，而偏向理想任性的特性。

五、字體形、音、意的選取

以上老師所建議的名字僅供參考，父母可以依喜好、讀音順暢、字形優美，或字的特殊代表含意等條件來選用組合。如「詹洛萍」也是一個很好的名字選擇。

		◎	1			
					天格	[火]
		詹	13	火	14	
					人格	[火]
		洛	10	火	23	(吉)
[土]	外格				地格	[火]
(吉)	15	**萍**	14	水	24	(吉)

總格 [金] 37（吉）

筆畫八十一數之靈動吉凶參考

請參閱前面所附的「筆畫八十一數之靈動吉凶」，分別瞭解以下五格的吉凶代表意義。

如「**詹洛華**」

天格：14（破兆）。表示父母宮和父母互動的吉凶關係、家族的遺傳，或自身的先天吉凶運勢。

人格：23（隆昌）。表示自己本身的個性，或和夫妻、親人間互動的吉凶關係。

地格：24（餘慶）。表示晚年的吉凶運勢和疾病健康狀況。

外格：15（福祥）。表示外在和朋友互動的吉凶關係。

總格：37（權威）。表示今生整體的運勢吉凶變化，包含工作、財運、婚姻感情等。

案例五：牛小弟弟命名實例解說

一、八字命局簡單批論

命主「癸水」；命格「比肩」。

正官×1、正財×1、偏財×1、食神×1，吉星旺相，為有福報的命局，在財運、事業運、學業上的表現都很不錯。

命局中凶星宿有七殺×2，容易出現天生身體健康上的刑傷凶氣略旺，個性上稍有任性、衝動，但是聰明過人，學習能力很強，事業工作也會有幾波的大起伏，可待成年後再尋求解決的方法。

整體也算是吉星宿多於凶星宿的好命格局，具有才藝、興趣廣泛、能靜能動。

大運十一至十六歲「劫財」凶運，會引發凶星「劫財」來剋傷，使刑傷之氣較旺，在身體健康上要多加小心，所傷之氣在「火氣」屬心臟、血液系統，所以在個性脾氣上會較浮躁、莫名發燒等疾病較易發生，建議遷往中部溫暖的地方居住。

二、決定三才五行格的五行組合

姓「牛」，四畫，五行為「火」，命

原出生地區　西元 2009.12.24 09:32:00　台北 中原時區　西元 2009.12.24 09:32:00 對應農曆　2009 年 11 月 09 日　巳時　陰男	大雪　西元 2009.12.07 07:52:13 小寒　西元 2010.01.05 19:08:47

八字命盤

年柱	月柱	日柱	時柱
七殺	正財	命主	偏財
己丑	丙子	癸卯	丁巳
己七殺	癸比肩	乙食神	丙正財
癸比肩 辛偏印			戊正官 庚正印

大運：【實歲】

6	16	26	36	46	56	66	76
食神	傷官	比肩	劫財	偏印	正印	七殺	正官
乙亥	甲戌	癸酉	壬申	辛未	庚午	己巳	戊辰
壬劫財	戊正官	辛偏印	庚正印	己七殺	丁偏財	丙正財	戊正官
甲傷官	辛偏印 丁偏財		戊正官 壬劫財	乙食神 丁偏財	己七殺	戊正官 庚正印	乙食神 癸比肩

主屬「癸火」，土×3、木×1、火×2、水×1，明顯命中五行缺少「金」，而且「土」、「火」也過旺，所以建議名字之中可以取「金氣」和「水氣」來補。

金氣屬於命局的「正印」、「偏印」，為貴人、壽星之意。

三才五行格配置為「火、金、水」或「火、水、木」均可，可以從三才五行格中先選出以下組合：

①、4・6・7＝17

		◎	1				
					天格	[土]	
		牛	4	火	5		
					人格	[水]	
		光	6	木	10	(凶)	
[金]	外格				地格	[火]	
(吉)	8	**宏**	7	水	13	(吉)	

總格［金］17（吉）

②、11・7・10＝28

		◎	1				
					天格	[土]	
		牛	4	火	5		
					人格	[木]	
		宋	7	金	11	(吉)	
[木]	外格				地格	[金]	
(吉)	11	**哲**	10	火	17	(吉)	

總格［木］21（吉）

三、由適合組合中選出字群

①、4、6、7＝17

6金：丞亙亥伕仲企光宇守州帆旭聿考舟

7水：江池汎亨伸伯吾均孝宋宏希序廷志村杜杉甫良車辰邑卲

建議取名：牛丞志、牛守汎、牛光宏、牛仲甫、牛宇村

②、4、7、10＝21

7金：江池汎亨伸伯吾均孝宋宏希序廷志村杜杉甫良車辰邑卲

10水：迅肯恪洋洪流津洛洵倡倫倉剛原哲哺員恩晏晃朗恒桂耿

建議取名：牛伯洵、牛宋哲、牛宏洋、牛志洛、牛廷桂

四、字音五行或倉頡字根部首五行的選取

「牛光宏」：此命生肖屬丑土「牛」，而姓氏又是「牛」，所以倉頡五行來論需要有「草」字頭，在字音五行上再有「水」和「木」，幾乎就是一個很完美的姓名組合。

「光宏」符合三才五行的格局，卻缺少草或木字根，是稍微可惜的地方。

「牛廷桂」：此字音五行有「木」氣，倉頡五行也有「木」部首，對於「牛」來看是較有利的。只是「桂」字是否較不文雅，就是看父母的個人感覺了。

		◎	1			
					天格	[土]
		牛	4	火	5	
					人格	[木]
		廷	7	火	11	(吉)
[木]	外格				地格	[金]
(吉)	11	桂	10	木	17	(吉)

總格 [木] 21 (吉)

五、字體形、音、意的選取

以上老師所建議的名字僅供參考，父母可以依喜好、讀音順暢、字形優美，或字的特殊代表含意等條件來選用組合。

如「**牛伯洵**」

天格：5（福祥）。表示父母宮和父母的吉凶互動關係、家族的遺傳，或自身先天的吉凶運勢。

人格：11（再興）。表示自己本身的個性，或和夫妻、親人間互動的吉凶關係。

地格：17（過剛）。表示晚年的吉凶運勢和疾病健康狀況。
外格：11（再興）。表示外在和朋友互動的吉凶關係。
總格：21（月明）。表示今生整體的運勢吉凶變化，包含工作、財運、婚姻感情等。

案例六：李師兄改名實例解說

一、八字命局簡單批論

命主「乙木」；命格「食神」，有透干。

命局裡凶星宿「傷官」透干過旺，而且有剋到「正官」的凶象，現年三十五歲是在大運二十八至三十七歲「偏印」正剋「食神」的凶運上，正處於工作不順、情緒不安穩、憂鬱症干擾的厄運中，若是想透過「改名」來改善，跟一個罹患肺癌只是在吃感冒藥的人差不多，是很鄉愿、天真又逃避的作法。

命局裡吉星宿有食神×2、正官×1、正財×1，算是吉星宿很多的格局，本質上有很好的條件和運勢，尤其又是「食神」格的天生好命格，只是從上一個大運十八至二十七歲劫財、正財起，就陸續出現凶星宿剋傷，吉星宿「正財」的凶象，帶來凶運的運勢。

算是大運格局較不好的現象，會造成許多好運勢曇花一現的短暫現象。

所以根本之道還是趕緊從占察三世因果、拜懺、內觀、行善、祈求菩薩庇佑做起，才是較務實的作法。

不過，或許改個積極、樂觀一點的名字，多少會讓自己的心情好一點。「李浩然」的字意很陽光、很堅強，可以參考此名字去改。

		◎	1			
					天格	［金］
		李	7	火	8	
					人格	［金］
		浩	11	水	18	（吉）
［火］	外格				地格	［火］
（吉）	13	然	12	金	23	（吉）

總格［水］30（凶）

原出生地區　西元 1977.06.27 08:15:00　台北 中原時區　西元 1977.06.27 08:15:00 對應農曆　1977 年 05 月 11 日　辰時　陰男	忙種　西元 1977.06.06 03:32:01 小暑　西元 1977.07.07 13:47:52

八字命盤

年柱	月柱	日柱	時柱
食神	傷官	命主	正官
丁巳	丙午	乙卯	庚辰
丙傷官	丁食神	乙比肩	戊正財
戊正財 庚正官	己偏財		乙比肩 癸偏印

大運：【實歲】

8	18	28	38	48	58	68	78
比肩	劫財	偏印	正印	七殺	正官	偏財	正財
乙巳	甲辰	癸卯	壬寅	辛丑	庚子	己亥	戊戌
丙傷官	戊正財	乙比肩	甲劫財	己偏財	癸偏印	壬正印	戊正財
戊正財 庚正官	乙比肩 癸偏印		丙傷官 戊正財	癸偏印 辛七殺		甲劫財	辛七殺 丁食神

二、字音五行或倉頡字根部首五行的選取

「李浩然」：此命局生肖屬巳火「蛇」，以倉頡五行來論需要有「穴」字頭，或是有土根可以讓「蛇」來鑽洞，理論上會較有「安全感」。

因為又是「食神格」本身就會有怯懦、慵懶的特性，再加上大運走「偏印」，會產生嚴重剋傷「食神」的現象，而導致憂鬱症、精神不穩的現象。所以若能從名字上的改變，多少給予一些穩定的安全感，也是一個很好的努力方向。

「李浩然」雖然在字意上有剛強、陽光的意義，不過從三才五行筆畫吉凶來看，總格是「三十」為「悲運」，稍不理想。

此數表示生活浮沈無定，個性善惡難分的凶運數。

一生多處於投機的心思境遇中，與其它運數配合，會受其影響而有成大功或失敗的大變化，和善運配合，其成功可能性雖大，但是會因不忠實違背誠信，而遭遇失敗困難。

若是突然展開意外的發展也是一種正常現象，但是無論如何，大都有悲運薄倖的凶運發展，甚至孤獨、失意、短命、妻子死別者等凶運。

以倉頡五行來看，「浩然」也沒有土或穴字根，反而帶有「水」氣、「火」氣，有水火相衝突的現象，對於處在「偏印」精神不穩的狀況來看，並不是一個很好的選擇。

但是要再次強調的是，名字只是在心情和磁場上稍有影響，對於八字命局過於凶險的格局來看，也發揮不了什麼作用，還是要從行善布施的修行根本做起。

案例七：汪秀芳師姐改名實例解說

一、八字命局簡單批論

命主「甲木」；命格「七殺」。

此命局八字本身五行缺「火」、食傷，最好是選用「火」來補，吉方貴人方在「南」方。

命中星宿很明顯「官、殺」、「正、偏印」、「正、偏財」動靜星宿混雜在一起，會造成心性動靜的矛盾落差，甚至有雙重性格，對許多事情的觀念態度會時常搖擺不定，在命格心性

原出生地區　西元 1984.09.07 14:10:00　台北 中原時區　西元 1984.09.07 14:10:00 對應農曆　1984 年 08 月 12 日　未時　陽女	立秋　西元 1984.08.07 16:17:52 白露　西元 1984.09.07 19:09:48

八字命盤

年柱	月柱	日柱	時柱
比肩	偏印	命主	正官
甲子	壬申	甲辰	辛未
癸正印	庚七殺	戊偏財	己正財
	戊偏財	乙劫財	乙劫財
	壬偏印	癸正印	丁傷官

大運：【實歲】

11	21	31	41	51	61	71	81
正官	七殺	正財	偏財	傷官	食神	劫財	比肩
辛未	庚午	己巳	戊辰	丁卯	丙寅	乙丑	甲子
己正財	丁傷官	丙食神	戊偏財	乙劫財	甲比肩	己正財	癸正印
乙劫財	己正財	戊偏財	乙劫財		丙食神	癸正印	
丁傷官		庚七殺	癸正印		戊偏財	辛正官	

的類型中算是較不好的格局。

但是整體來看，凶星「偏印、七殺」都有被剋制，不算太凶，因此今生在事業、財運、貴人上還有福報和吉運，不過二十一至三十歲大運走「七殺、傷官」凶星偏旺的運勢，在工作上勢必會有較大的變動波折，要過了三十一歲、到下一個大運才會漸趨平順，事業的格局還算大器。

七殺「殺氣」運旺盛，要多控制自己的衝動性情，雖然多浮躁不安，但是也不能放任而行，行車、出外旅遊也要多注意安全，此一時期易有血光意外發生。

此命局運勢不順，重要的關鍵是受到大運和流年運勢不好的影響，改名字並沒有太大的幫助，而且此一名字「汪秀芳」在筆畫、五行應該都是經過篩選的，只是音韻不是很順，字形、字意不是很優雅理想罷了！

所以還是要另外找出能有效改變不好運勢的因果、業報，從根本改起才是正途。

		◎	1			
					天格 9	[水]
		汪	8	土		
					人格 15	[土] (吉)
		秀	7	金		
[木] (吉)	外格 11				地格 17	[金] (吉)
		芳	10	水		

總格 [土] 25 (吉)

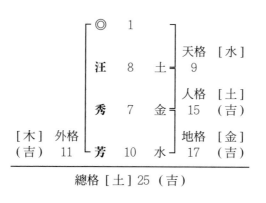

二、決定三才五行格的五行組合

姓「汪」，八畫，五行為「土」，本命元神為「甲」。

命局中水×2、土×2、金×2、木×1，五行之中缺少「火」氣、食神財庫星，而且喜用星宿為「辛金」和「癸水」，因此建議命名可以選用「水、金、火」五行的組合，來補命局中的不足之處。

三才五行格配置為「土、金、火」，可以從三才五行格中先選出以下組合：

①、8．7．10＝25

		◎	1			
					天格	[水]
		汪	8	土	9	
					人格	[土]
		希	7	金	15	(吉)
[木]	外格				地格	[金]
(吉)	11	玳	10	火	17	(吉)

總格［土］25（吉）

②、8．9．7＝24

		◎	1			
					天格	[水]
		汪	8	土	9	
					人格	[金]
		思	9	金	17	(吉)
[金]	外格				地格	[土]
(吉)	8	廷	7	火	16	(吉)

總格［火］24（吉）

③、8．10．7＝25

		◎	1			
					天格	[水]
		汪	8	土	9	
					人格	[金]
		晏	10	土	18	(吉)
[金]	外格				地格	[金]
(吉)	8	伶	7	火	17	(吉)

總格［土］25（吉）

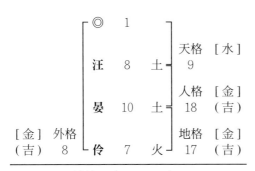

三、由適合組合中選出字群

姓「汪」，八畫，五行配置為「水、金、火」。

以下字組可以自行組合，選取自己喜歡的字體、音韻來配合。

①、8．7．10＝25

7金：吟妍希杏秀言佒

10火：芹恬玲玳倩娣庭桃虔

建議取名：汪希芹、汪希玳、汪言庭、汪妍芹

②、8．9．7＝24

9金：亭南姿思柳秋芊怜研施昭映盈貞

7火：伶岑廷圻

建議取名：汪思廷、汪映伶、汪盈伶

③、8．10．7＝25

10金：芝芷津珊夏宸晏

7火：伶岑廷圻

建議取名：汪芷伶、汪夏岑、汪晏伶

四、字音五行或倉頡字根部首五行的選取

「汪盈伶」：此命格生肖屬子水「鼠」，以倉頡五行來論是需要有「穴」字頭和「米」字根最好。

「盈伶」念音起伏平穩較不清亮，雖然適合女孩子選用，但是對於此命格「七殺格」的豪邁個性可能就較不相搭，或許「夏岑」會更加恰當。

若是以三才字音五行來看，「盈伶」為「土、火」，對於命格中缺火很有助益，所以也是可以考慮選用。

再以倉頡五行來看，要找出符合屬「鼠」的字來用，「盈」有「皿」字根，所以有盤子可以來裝東西吃，因此也算適用。

五、字體形、音、意的選取

以上老師所建議的名字僅供參考，可以依喜好、讀音順暢、字形優美，或字的特殊代表含意等條件來選用組合。

		◎	1			
					天格 9	[水]
		汪	8	土		
					人格 17	[金] (吉)
		盈	9	土		
[金] (吉)	外格 8	**伶**	7	火	地格 16	[土] (吉)

總格 [火] 24 (吉)

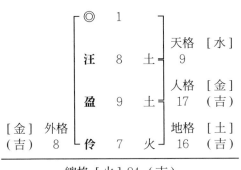

筆畫八十一數之靈動吉凶參考

請參閱前面所附的「筆畫八十一數之靈動吉凶」，分別瞭解以下五格的吉凶代表意義。

如**「汪希芹」**

天格：9（凶禍）。表示父母宮和父母的吉凶互動關係、家族的遺傳或自身先天的吉凶運勢。

人格：15（福祥）。表示自己本身的個性，或和夫妻、親人間互動的吉凶關係。

地格：17（過剛）。表示晚年的吉凶運勢和疾病健康狀況。

外格：11（再興）。表示外在和朋友互動的吉凶關係。

總格：25（英俊）。表示今生整體的運勢吉凶變化，包含工作、財運、婚姻感情等。

		◎	1		
					天格 [水]
		汪	8	土	9
					人格 [土]
		希	7	金	15 (吉)
[木]	外格				地格 [金]
(吉)	11	**芹**	10	金	17 (吉)

總格 [土] 25 (吉)

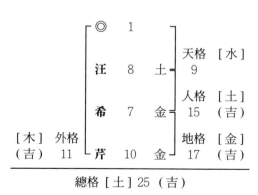

案例八：郭采潔成功改名實例解說

基本介紹（以下資料節錄於維基百科和相關網路介紹）

郭采潔（一九八六年二月十九日出生），是一位知名歌手和演員，在就讀大學前本名**郭彥君**，因當時聽從算命師建議，改名為「郭采潔」。

母親在她小學時，因難產而辭世。

郭采潔畢業於臺北市私立再興高級中學、臺北市立松山高級中學、國立臺北大學社會工作學系，在成為歌手、正式出道前，是一名平面及電視廣告模特兒。第六屆北韻獎冠軍，二〇〇七年十二月二十五日首次發表第一張專輯《隱形超人》，以「優格女孩」的廣告名號出道。

發表首張專輯前，曾在多名歌手的音樂錄影帶中亮相。郭采潔聲音因為有娃娃音的特色，在一般女歌星中較為特殊，在出道後除了歌唱事業外，還參與偶像劇及電影演出。

一、八字命局簡單批論（此命局出生「時」只是推測參考，並不是確定時間）

命主「甲木」；命格「比肩」。

甲木大樹本就有剛執和穩定發展的特質，再加上「比肩、農夫」的堅毅執著和任勞任怨的優點，可以清楚知她對於興趣和工作，一定會堅持而努力地去達成。

命局中吉星宿有「食神」×1，吉凶參半「比肩」×2，年柱根位中有「食神」大吉星，而且沒有被凶星「偏印」所剋傷，表示今世有很的運勢和財運。

凶星宿有「傷官」×1、「七殺」×1，因為「七殺」被吉星宿「食神」所剋制而轉成吉星宿「偏官」，對於事業工作會有很大的幫助，而且此一事業星宿又入於「事業宮」，真是如虎添翼，在大運二十五至三十歲「傷官」運時，在演藝事業上絕對會有很大的成績出現，得獎應是很正常的運勢發展。

只是三十至三十四歲大運是凶星宿「偏印」，會剋傷最大的吉星「食神」，除了會影響到和父親的關係，可能會有「緣盡」的凶運，也會因此產生精神不穩定的

原出生地區　西元 1986.02.19 04:15:00　台北 中原時區　西元 1986.02.19 04:15:00 對應農曆　1986 年 01 月 11 日　寅時　陽女	立春　西元 1986.02.04 11:07:41 驚蟄　西元 1986.03.06 05:12:07

八字命盤

年柱	月柱	日柱	時柱
食神	七殺	命主	食神
丙寅	庚寅	甲午	丙寅
甲比肩	甲比肩	丁傷官	甲比肩
丙食神 戊偏印	丙食神 戊偏財	己正財	丙食神 戊偏財

大運：【實歲】

5	15	25	35	45	55	65	75
正財	偏財	傷官	食神	劫財	比肩	正印	偏印
己丑	戊子	丁亥	丙戌	乙酉	甲申	癸未	壬午
己正財	癸正印	壬偏印	戊偏財	辛正官	庚七殺	己正財	丁傷官
癸正印 辛正官		甲比肩	辛正官 丁傷官		戊偏財 壬偏印	乙劫財 丁傷官	己正財

		◎	1				
						天格	[土]
		郭	15	木		16	
						人格	[火]
		彥	9	土		24	(吉)
[金]	外格					地格	[土]
(吉)	8	君	7	火		16	(吉)

總格 [木] 31 (吉)

		◎	1				
						天格	[土]
		郭	15	木		16	
						人格	[火]
		采	8	金		23	(吉)
[金]	外格					地格	[火]
(吉)	17	潔	16	火		24	(吉)

總格 [水] 39 (吉)

「偏印」憂鬱症發作，尤其本身「比肩」又很旺盛，也就是遇到繁雜、困惱的事情時，會有「自閉」的問題，這對其演藝事業會造成很大的傷害。

另外夫妻宮入凶星宿「傷官」，表示會較喜歡同樣具有特殊才華的對象，所以容易和圈內人交往，但是也因此會造成感情發展較不穩定，又因為「比肩格」的女命有其執著，感情一不順利，更會造成晚婚甚至不婚的現象。

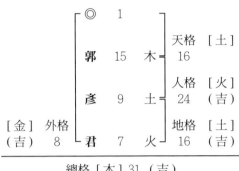

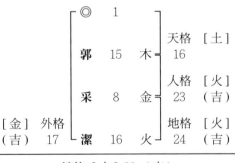

二、決定三才五行格的五行組合

姓「郭」，十五畫，五行為「木」。此命局命主「甲木」偏中和，五行有火×2、木×3、金×1，算是木來生火，產生「火」旺的格局，因此建議三才五行格配置為「木、土、水」。

水為「印星」，代表母星，可以來彌補從小失去母親愛護的缺憾。土為「財星」，對於火氣過旺的「食傷」星宿有很大的洩氣轉化作用，使「食傷」的財庫星能來相助。

三、原名「郭彥君」的評論

此命生肖屬寅木「虎」，以倉頡五行來論是需要有「山」字頭和「肉」「月」字根的字。

但是「彥君」除了字音、字形、字意本就不是很適合女命來選用，比較偏向男命的格局之外，三才五行又出現「火」氣字音五行，對於火已經過旺的格局來看，並不是很適合。

以倉頡五行來看，也沒有符合生肖屬虎的字根或部首，而「彥」字又帶有「刀」形，所以不是很理想的名字。

總格三十一畫，為「智勇」，很符合此命格的特色。

此數表示智仁勇俱備，為人意志堅固百折不屈。

能踏實穩定腳步來做事，而成大志大業的運格，可統率管理大家，博得名譽繁榮富貴幸福。

個性特質屬溫良平靜，有能力的領導主管。而且女命用之也無妨。

四、新名字「郭采潔」的評論

以三才五行來看，「采潔」為「金、火」，「金」氣在此命局是屬「官星」，偏事業運，所以對於演藝工作的發展會有幫助。

若以倉頡五行來看，「采」有木字根、「潔」有水部首，在木氣上有更大的影響，「木」氣在此命局是屬「比肩、劫財」，對於其堅持性、韌性和才華表現，會有更大的加分作用。

而且「采潔」在字音、字形、字意上，都比「彥君」來得漂亮，算是一個很成功的名字。

總格三十九畫，為「富貴」，在事業、財富上有很大的吉運，但是唯對女命在婚姻感情上較為不利，其夫妻宮入凶星「傷官」，可能會在感情上遇到的業力凶運。

由此看來，似乎冥冥之中很多事都有其不可思議的安排，才會在改名之後仍然無法躲過此一業力的牽絆。

總格三十九（富貴）此數表示可因禍得福、而富貴滿盈的好運格。一令發出即能統率萬眾，有權威壓倒天下的氣概。

有權威、財帛豐富、富貴繁榮的好運勢。

可是在如此尊貴之至的氣運中，也會隱藏最極悲慘的惡運，吉凶只是一紙之表裡、一線之間，因此切勿輕易用之。女命有此數者，多會陷入孤寡凶運中。

案例九：林益世（未知時）姓名和八字命格實例解說

二〇一一年七月，臺灣最驚爆的新聞，大概就是行政院祕書長「林益世」被爆出收取賄款的醜聞。但是會讓人感到如此不可思議、印象深刻的原因，是因為大家對於林益世的印象，一直都是「憨厚、老實」、親和待人，而且事情剛被爆出時，還信誓旦旦地否認到底，怎會如此像在錄音帶中所顯現出來那般肆無忌憚、市儈貪財的嘴臉呢？

關於這個疑問，或許可以從八字格局和姓名學的特性中，來瞭解是否「益世」名字對他造成不好的影響，或是他的八字格局中，早就已經埋下會有今天如此不當行為的業因。

一、三才五行格局批論

其名字筆畫數都是吉數，五行組合為「火、土、金」，屬相生格局，念音也很清亮，算是一個很好的格局。

生肖為申金「猴」，以倉頡五行來論是需要有「木」字頭和「肉」「月」字根的字。而「林」姓本身對於命局就有很大的幫助，可以從家族或是父母處得到奧援贊助，而「益世」中有「皿」字根，

		◎ 1			
				天格 9	[水]
		林 8	火		
				人格 18	[金] (吉)
		益 10	土		
[土] (吉)	外格 6			地格 15	[土] (吉)
		世 5	金		

總格 [火] 23 (吉)

原出生地區　西元 1968.08.19 01:10:00　台北 中 原 時 區　西元 1968.08.19 01:10:00 對 應 農 曆　1968 年 07 月 26 日　丑時　陽男	立 秋　西元 1968.08.07 20:27:11 白 露　西元 1968.09.07 23:11:24

八字命盤

年柱	月柱	日柱	時柱
正印	**劫財**	**命主**	**偏印**
戊申	**庚申**	**辛酉**	**己丑**
庚劫財	**庚劫財**	**辛比肩**	**己偏印**
戊正印 壬傷官	戊正印 壬傷官		癸食神 辛比肩

大運：【實歲】

7	17	27	37	47	57	67	77
比肩	**傷官**	**食神**	**正財**	**偏財**	**正官**	**七殺**	**正印**
辛酉	**壬戌**	**癸亥**	**甲子**	**乙丑**	**丙寅**	**丁卯**	**戊辰**
辛比肩	**戊正印**	**壬傷官**	**癸食神**	**己偏印**	**甲正財**	**乙偏財**	**戊正印**
	辛比肩 丁七殺	甲正財		癸食神 辛比肩	丙正官 戊正印		乙偏財 癸食神

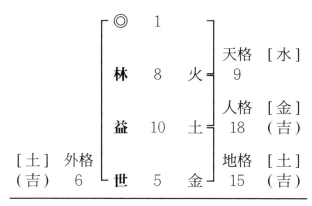

「世」字於第三字也很穩定，中間還有「廿」字根可供猴子來擺盪玩耍，顯現出此人的靈活性。

若用命局中的五行旺衰來看，木×0、火×0、土×3、金×5、水×0，很明顯金氣旺到極點，卻是完全缺少木、火、水。

而名字中三才字音五行為「火、土、金」，又來助長「土、金」的旺度，算是很不理想的選擇，應該要選用「水、木」最為適合。

而筆畫五行天格九為「水」、人格十八為「金」、地格十五為「土」、外格六為「土」、總格二十三為「火」，也是傾向「土、金」偏旺的格局，只有天格為「水」一氣而已。

整個名字偏重於「土、金」的氣勢，看似有所偏頗，但是對於命理學稍有概念的人應該馬上可以看出這是一個「從勢」的安排，並不是隨便選用的，所以事情發生後，有人便當起「事後諸葛」地批評「林益世」此一名字不好，才會遭遇到官訟是非。

由以上名字格局來看，根本就是無稽之談，這可說是一個經過高人精心取算的「好名字」呢！

關於「從勢」的說明：八字命局中雖然有所謂五行不足需要「補」、五行過旺需要「洩」的說法，但這只是對於一般格局的看法，若是有遇到某一五行過旺，如以上格局「金」氣五個，會有金氣銳不可擋的超強氣勢，若是以「火」氣去剋制可能會剋不住，反而造成更大的傷害，所以就需要去順從，如以「水」去緩洩，或是以「土、金」再去助長金氣的作法，於命理學中稱為「從勢」或是「從弱」。

二、筆畫八十一數之靈動吉凶參考

天格：9（凶禍）。此數表示財利功名皆成空而陷落窮迫的凶象。或是幼時則離開親人，而陷入生活困難無依靠，悲痛、孤獨、寂寞之中。或有病弱、不如意、廢疾、遭難、貧苦、災害等凶事。或犯官訟官訟，凶難災禍難以預測，總格主運有此數者最凶。若是能免除這些災害時，卻會有去失配偶、家人、子女的凶運，也有難以生得兒女的厄運。但是若有萬分之一的例外，卻會在折難中出現怪傑富豪。

人格：18（權力）。此數表示具有鐵石無情的心意，有權力智謀而能發達創業。志願一但立下，必定破除所有困難，而終能博得名利的運勢。但是卻有自我心強，缺乏包容力、堅剛頑固，而因此引發困難，所以要常戒慎培養柔順德性、謹慎言行，則可貫徹目的、功成名就。

地格：15（福祥）。此數表示有最大的好運勢、福壽圓滿的吉象。為人柔順溫和善良有雅量，容易受到上級長官的提拔照顧。也能自成大事業，富貴榮華、興家繁榮，且德望高有德慈祥的最大吉數。

外格：6（安慶）。此數表示天德地祥都能俱備，而福慶豐碩盛大。可有家勢盛大、萬寶進家門的吉運。但雖然有豐厚的福報，但是滿極必有損、盈極則虧。若與其他運數的配合不佳者，恐會江河日下，而有樂極生悲的凶象。不過若有後天的美德，就可享有終身安穩吉慶的好運勢。

總格：23（隆昌）。此數表示可成就偉大事業運勢隆昌，有威勢沖天的吉象。雖是出身微賤，可因努力而至一方領導受人尊仰。也有如戰勝凱旋之將，猛虎生翼之狀。但要注意因為活力強大，對於事情恐怕會有衝動過度的大缺點，因此而容易做出遺憾後悔的事情。對於感情也很敏銳，但女命有此數者反為凶，其理略同二十一數。若是總格主運和他格有此數者，亦難免香閨繡榻孤身一人而悲寒也。

三、林益世八字基本吉凶格局批論

（註：此命局出生時柱不詳，老師大概以「丑時」來推論參考，十分符合現今大運三十七至四十六歲「正財、食神」受到「劫財、偏印」雙沖剋的大凶運運勢。）

命主「辛金」，命格「劫財格」×3透干過旺。

吉星宿只有「正印」×1，且落入年柱父母宮，表示可以受到父母或是祖先很好的庇蔭照顧。

凶星宿「劫財」×3、「偏印」×2，算是凶星宿偏旺的格局，但是凶星靜伏不動，一旦遇到大運出現「正財」和「食神」，會強烈誘發凶星沖出相剋，而導致凶星的厄運業力爆發而出。

因為命局凶星「劫財」×3過旺，也因此產生所謂「物極必反」的「星宿變格」現象，在其他大運二十七至三十六歲「食神、傷官」時，使得「劫財」凶星轉變為「比肩」星宿的特性，而使此一命局因為此「變格」，而產生的「雙重矛盾個性」的現象。

現在將這兩個星宿的特性比較如下：

◎劫財

特性優點：很有個人表演才華，善於偽裝狡辯、動作誇張、饒舌雄辯、態度積極幽默，具有吸引人的能力和魅力。

特性缺點：外表雖然看起來很樂觀，內心卻常為矛盾所苦，有時也很神經質，有幻想的傾向。因為不認輸、利欲心重，有時會嫉妒別人的成功，會因為利欲的誘惑而出賣朋友或家人。野心過大，為了急於求功而魯莽冒險，不是無法收拾殘局，就是因為判斷錯誤而慘遭失敗。

◎比肩

特性優點：對生活欲望不高，不管什麼事都能務實地面對，任勞任怨、樸實直率、能努力完成所交付的工作任務，同時也很堅持自己的立場，永遠不會忘記為達成目標所應有的付出。

特性缺點：因為想法單純，所以較欠缺協調性，凡事都以自我為中心，由於無法以對方的立場考處事情，經常會與人起爭執，對人的好惡也很明顯。縱使朋友很多，但真正瞭解自己的卻少之又少，對部下、晚輩及親人要求很嚴格，甚至有寡情的傾向，常被指責為沒有人情味或狂妄自大，所以這種人很難建立起良好的人際關係。

從以上「劫財」和「比肩」的特性中，我們可以發現，這兩個星宿幾乎是陰陽相對、互相不同的，一個狡詐、一個單純，一個重欲望、一個很踏實，這也是八字命理學中最可怕的一種心理衝突矛盾現象。也因此，當「林益世」是「比肩」時，我們看到的是他樸實無華的一面；但是到下一個大運「正財、食神」、「比肩」變回成「劫財」時，而表現出我們難以想像的另一種行為。

案例十：黃四明老師命名實例解說

老師在近二十餘年的教學服務中，常常會以自身的實際經歷，來和學員們分享，用真實的故事來對照八字命局吉凶星宿，和三世因果中的業力福報。因為，其實老師也曾經改過名字。

出生名字：黃士銘

聽說因為老師是長子、長孫，所以出生時特別受到重視疼愛，此一名字是請一位退休校長取的，該校長在收了紅包後，還回送一面金鎖牌呢！

外格		字	筆畫	五行		三才	
		◎	1				
		黃	12	水	天格 13	[火]	
		士	3	金	人格 15	[土]	(吉)
外格 15	[土] (吉)	銘	14	水	地格 17	[金]	(吉)

總格 [水] 29 (平)

外格		字	筆畫	五行		三才	
		◎	1				
		黃	12	水	天格 13	[火]	
		仕	5	金	人格 17	[金]	(吉)
外格 15	[土] (吉)	銘	14	水	地格 19	[水]	(凶)

總格 [木] 31 (吉)

名字簡單批論

以此名字「黃士銘」來看筆畫吉凶和三才五行格局，雖然總格二十九不是個大吉數，但其他筆畫數都還不錯。以字音五行來看，此名八字命局水氣不旺，所以用水來彌補也是正確的。

生肖卯木「兔」，倉頡五行最好有「草」字頭和「穴」字根，「士銘」並沒有符合這方面的格局。

另外，「士」過於單薄，對於上下兩字的壓力有點壓迫感。

字形稍不平衡，但字音、字意還算不錯，算是一個七十分的名字。

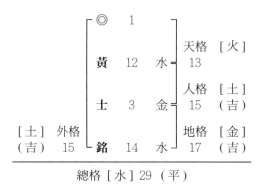

總格二十九（不平）此數表示智謀優秀因謀略提議，受重視而得財福的運格。雖然有成就大業的機會，但會有因為不滿足的貪欲念頭，而造成自己有聰明反被聰明誤的凶運，或因多疑不安妄想而釀成災難，要特別注意此一凶象。

女命會有傾向男性化的行為，也可稱為準寡婦運，女命忌用之。

於離婚、事業失敗後自行改名：黃仕銘

民國八十五年，和認識十五年的初戀前妻離婚，建築設計公司也關門，背了不少負債。有天老爸主動跟我說：「看你厄運連連，是不是試著改一下名字，讓運勢轉一下呢？」

我想，有何不可？

於是，看著自己孤身一人，先為自己找個伴吧！所以將「士」加個「人」而成為「仕」，這樣心情上似乎沒那麼孤單寒酸，也很快又認識了幾個好朋友和女朋友，身邊的新伴侶、新朋友也一一地出現。

名字簡單批論

其實老師當時改名時，並沒有精算筆畫吉凶和三才五行，而是後來在研究姓名學時，才知地格十九是凶數。幸好總格由二十九變為三十一的吉數，三才五行並沒有變動。

字形、字意都比之前有改善，字音則是沒有改變，只是心情上比之前所用的名字要好得多。

生肖卯木兔，在倉頡五行的補強上，仍是沒有太大的幫助。

總格三十一吉（智勇）此數表示智仁勇俱備，為人意志堅固百折不屈。能踏實穩定腳步來做事，而成大志大業的運格，可統率管理大家，博得名譽繁榮富貴幸福。個性特質屬溫良平靜，有能力的領導主管。而且女命用之也無妨。

地格十九凶（多難）此數表示頗有靈識活動敏感的特質，雖然有創大業、得名利的實力，可是會受到天命靈力的干擾，而常發生莫明意外的障礙。

甚至家中內外不和多有困難，以致辛苦慘淡、厄運連連不絕。若總格主運有此凶數，又無其他吉數相助，更易陷入病弱、殘疾、不安、孤寡的悲運，甚至於夭折、短命、妻子死別、官訟、殺傷等災難。

		◎	1		
					天格 ［火］
		黃	12	水	13
					人格 ［土］
		四	4	金	16 （吉）
［水］	外格				地格 ［木］
（凶）	9	明	8	水	12 （凶）

總格 ［火］ 24 （吉）

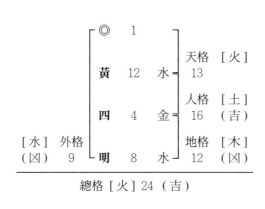

修持地藏法門後而受賜法號為：黃四明

在人生遭受到許多的挫折和打擊後，所謂「危機就是轉機」，從挫折中學到智慧和對人生的覺悟，才不會讓自己白白受苦，這是老師當時的體悟。

所以我學《了凡四訓》，發願要以命理來為眾生服務，要以弘揚佛法來徹底改變大眾的厄運。

也因此，在民國九十年得到善知識引導，而得以學習《占察善惡業報經》的「占察木輪相法」，除了以「占察木輪」為地藏王菩薩代言，揭示眾生三世因果的善惡業相，更得到地藏王菩薩感應受持各超薦、引渡、施食供養等法門，並賜法號為「四明」。

原出生地區 西元 1963.07.18 10:15:00 台北 中原時區 西元 1963.07.18 10:15:00 對應農曆 1963 年 05 月 28 日 巳時 陰男	小暑 西元 1963.07.08 05:37:35 立秋 西元 1963.08.08 15:25:23

八字命盤

年柱	月柱	日柱	時柱
劫財	正官	命主	傷官
癸卯	己未	壬戌	乙巳
乙傷官	己正官	戊七殺	丙偏財
	乙傷官 丁正財	辛正印 丁正財	戊七殺 庚偏印

大運：【實歲】

4	14	24	34	44	54	64	74
七殺	正財	偏財	傷官	食神	劫財	比肩	正印
戊午	丁巳	丙辰	乙卯	甲寅	癸丑	壬子	辛亥
丁正財	丙偏財	戊七殺	乙傷官	甲食神	己正官	癸劫財	壬比肩
己正官	戊七殺 庚偏印	乙傷官 癸劫財		丙偏財 戊七殺	癸劫財 辛正印		甲食神

名字簡單批論

自受賜此法號「四明」後，老師在書上、名片上均使用此名字，雖然有人忌諱「四」與「死」音相近，不過這又是個人觀感，而且老師覺得「四明」的意義，已經遠遠大過「死」的忌諱了，甚至覺得自己其實是「死又復生」的人，畢竟在最痛苦的時候也真的吃過安眠藥「自殺」而倖存呢！

這三個字三才五行的字音五行都是「水、金、水」，與之前的名字相同，雖然筆畫吉凶地格十二和外格九都是凶數，是否要放在心上，就看個人的觀感了，老師本人並不是很在意。

其實曾有位學過姓名學的師兄還誇這個名字又方正、又沉穩，是個好名字呢！

就倉頡五行來說，「四」字倒有孔穴能讓「兔」來鑽洞棲身了。

總格二十四（餘慶）此數表示發展過程難免多少艱難，雖然才略智謀出眾，白手可以來成家的吉祥運勢。若能堅持則可財源廣進，晚年終將成大器來享榮華，還有餘慶庇蔭於家人子孫的福運。

八字格局簡單批論

命主「壬水」；命格「正官」透干旺盛。

命局中吉星宿有「正官」×2、「偏財」×1，算是吉星不多也不旺的命局，雖然「正官」有兩個，顯現出「正官」的學業、事業能力強，有當領導人的格局，但是很不幸被兩個「傷官」完全剋破，在事業上肯定多有波折，易遭受是非小人、口舌之災等厄運。

凶星宿「傷官」×2、「劫財」×1、「七殺」×1，在父母宮、夫妻宮均出現很旺盛的凶星，所以和父母及妻子的關係都是凶星惡緣，也明白顯示出會在此兩宮位有極深的業力厄運折磨。

再加上大運三十四至四十三歲「傷官、傷官」兩凶星超旺凶運，果然三十四歲一到，婚姻、事業、財運上都起了大變化，甚至三十五歲還曾因感冒而引起肺炎，住院治療了五天。

記得之前還問過我的老師，何時可以和前妻「破鏡重圓」？或何時可以「東山再起」、再創事業顛峰？老師慎重告誡我，在如此凶險的大運下，連「命」都快沒了，還要想那些世俗雜事，真是不見棺材不掉淚！事實上，在我近二十年的服務中，千百人來問過我，但又有幾人能真正覺悟呢？有多少人能像當時的我覺悟而徹底發心，認清自己的因果業力，開始走向「改運之路」呢？

因為徹底發心，所以民國八十六年七月六日三十六歲時，下午約六點多開著一輛一千六百西西小車，被一輛超車打滑的油罐車迎面撞上，車子幾乎全毀時，我卻神奇地全身無傷。

雖然醫生堅持要我住院十天觀察，怕有嚴重的內傷或「內出血」，畢竟那個撞擊力真的非常大，連我戴的眼鏡鏡片都碎掉了，但是卻完全沒有腦震盪，可以說成功地逃過一劫。

結論

老師在上課時常常跟學員強調，所有命理學，包括八字、易經等，再準確也不過百分之八十五而已，還有正負百分之十五、將近百分之三十的誤差是要靠每個人後天的努力，因此大惡和大善的人是不必再來批論算命的。

但是所謂後天的努力，不是去找誰幫您改運，或是去亂改名、燒發財金、買一大堆改運商品。真正的改運之道永遠只有一個真理，就是「行善布施、積福修慧」！

就像老師最後改名為「黃四明」，以姓名學的諸多理論觀點來看，根本就是一個糟糕的名字，可是對於老師卻有很深遠的意義，就是要砥礪老師不斷堅持實現今生的願力。

在後天的努力和菩薩的加持下，其實比什麼好名字的影響都要來得有效吧！

願以此和諸位善知識共享、共勉之！

附錄一　《占察善惡業報經》與地藏木輪相法

佛門占卜專書

「為何佛門中，沒有像《易經》這種為人指點疑惑的好法門呢？」

在二十幾年的《易經》學習和占卦服務中，深刻地體認到，《易經》的確可以將一個人未來的吉凶發展，批解得十分準確，是一種非常能夠幫助眾生解決問題的好法門。

可是我個人在民國八十五年正式皈依成為佛門弟子開始學佛，卻常聽到師父們說：佛教是不能夠卜卦、算命的……縱使遇到困難、煩惱、疑惑時，也只能請示更有德性的大師，或是自行更加精進努力地修行、懺悔，自然會有菩薩來加持、保佑。

但是當我對佛法開始有些認識和瞭解後，卻感覺應該不是這樣的。尤其是觀音菩薩那種「願為千萬種人，開千萬種法門」，隨緣渡化眾生的大慈悲心，更是令人感動。而就我個人對《易經》、八字的瞭解和心得，這就是一種能夠非常有效、迅速，隨緣渡化眾生、親近眾生的好法門。尤其《易經》的卦理、卦象，更是能夠用來檢視自己的行為觀念是否有所偏差、入邪不當的好方法，並不是單純只用來批論吉凶算命的。那為何卻被佛門所禁止呢？似乎總覺得，以世尊、佛菩薩如此的大智慧，應該不會捨棄這樣好的一個法門。

很幸運的，在民國九十年的一個機緣中，認識了「洪師兄」，跟他提起心中這個疑惑時，在他的解說介紹下，竟然在佛門三藏十二部經典中，非常清楚、明白地有一部經典《占察善惡業報經》，就是專門以占察木輪相法，來占卜審察佛門弟子和俗世眾生，修行是否清淨、業報是否輕重、所行所為吉凶如何的一部占卜經書。雖然占察方法與《易經》不同，但是意義卻是完全一樣的。此時的我，真是對佛菩薩的大智慧，佩服感動到無法言喻的心坎裡，也對佛法的真實和信心更加堅定，尤其對佛法的廣博精湛和包容無礙，更加肯定。

在這幾年的學佛感受中，常覺得當有信徒、弟子遇到一些俗世間的煩惱、困難時，師父總是一味地鼓勵誦經、做功德、積福報、要用功精進，似乎很難對問題有直接的指引和幫助。讓人深深覺得，難道佛法就是要放下一切，事事無所求嗎？這樣實在與我們的生活很難貼近、契合。尤其當遇到一些對於經典、修持上的疑問，更被師父駁斥為邪思妄想、旁門左道，只要「一門深入」專心念佛、精進拜懺，自然就可以業障消除，悟道成佛，往生極樂世界。

但是這樣的觀念想法，不就違背佛菩薩廣開千萬法門的大願了嗎？經典也不必有三藏十二部那樣的浩瀚廣博無窮。所以，以我個人的粗淺心得，應是可將法門概略分為「出世間法」和「入世間法」，然後針對佛門弟子或眾生的資質因緣，來善巧方便演說。主要應該是看該弟子當下的業障疑惑，為他指引一條有效的解決方法，才能展示世尊、佛菩薩的廣大神力，和大智慧的法門應驗。

佛門照妖鏡

個人在《占察善惡業報經》的研讀修持中，發現明末清初的高僧「藕益大師」，對於此經也是非常推崇弘揚，先後著有《占察玄疏》三卷和《占察行法》一卷。不同於其他大師的看法和見解，他認為這是地藏王菩薩三部經典——《地藏王菩薩本願經》、《地藏王延命十輪經》和《占察善惡業報經》中，最能入世渡人、親近眾生的一部經典。及至民初的弘一大師，也延續認同藕益大師的看法，對此經的修持更是精進不已，甚至還親自雕做了「占察木輪」，來教導信眾如何占察，以及行占察懺法。目前精研此經最深的弘揚者就是「夢參大師」，有多篇關於此經的傳述、講記和心得。

明末高僧藕益大師對這部經典推崇備至。他認為這部經典是渡化末法時期眾生，特別微妙殊勝的法門，所以為這部經典寫了《占察善惡業報經玄義》、《占察善惡業報經義疏》和《占察善惡業報經行法》，來注解弘揚這一部經典。

這部經與其他算命的方法有非常不同的地方。因為這部經不但告訴您吉凶禍福是如何形成的，而且還進一步指出如何扭轉惡業和惡運的具體方法。更重要的是，它能讓我們明白「三世因果」的善惡、苦樂和吉凶等狀況，所以它能使我們智慧大開，行為導正。

照著這部經典的「木輪相法」去修持、占卜，我們可以明白一百八十九種三世果報善惡的情形。例如，它可以使我們知道前一世是從地獄轉來的，還是畜牲、餓鬼、阿修羅、人道或天道；由前世所帶來的業障，或是福報的情形如何。我們前世是在家還是出家？有沒有聞法修行或供養聖賢？

木輪卦相不但可以澄清我們對過去世和來世的疑惑，而且幫助我們解決現在世的許多重要疑難。例如我們可以透過它明白：某一個人是不是善友？所聽的法是否正法？某一個人是否有實德或無實德？所瞭解的義理是否有錯誤？

所修的法門是否正確？所證的是否真實？所學的是否契機？所學的是否有障礙？

所做的事情能否成功？所求的財富官位是否能獲得？壽命是否能延長？求男求女是否能如意？

所期待的人會不會來？對方是不是平安？所求的事物多久可得到？所懷疑的事物是否為真實？所遇的人物是否吉利？所遺失的東西能否找到？

危險能否脫離？疾病能否痊癒？所找的醫師能否醫好病人？住處是否平安？農民能否豐收？夢境是否吉祥……。

除此之外，「木輪相法」還可以讓我們明白過去累世的善、惡、業障因果的多寡，以及現在世所造十善或十惡（貪、嗔、痴、兩舌、惡口、綺語、妄語、殺生、偷盜、邪淫）的強弱、輕重。

「木輪相法」無論在生活或修行兩方面，對我們非常有幫助。因此希望各位能早日研修、學習這部《占察善惡業報經》，更進而弘揚推廣這個如此善巧的好法門。

《占察善惡業報經》的確是一部值得我們發心深入研究、修持的入世好經典。因此個人淺陋地將近年來對於《占察善惡業報經》的修持心得，和《易經》的精神相呼應，野人獻曝地發表一些淺顯的心得。

也效法學習前賢高僧藕益大師著作《周易禪解》，將佛學與《易經》兩相呼應論述，充分展示大師事事無礙、一心菩提，以佛入儒、以儒引佛，無宗派法門、經典的界限，一切都以眾生所求所須為本的大慈悲菩薩心。將佛法救人、渡人、悟人的精神，完全務實地在世間法中推行。

為何在歷史上，自隋朝「菩提登三藏法師」翻譯《占察善惡業報經》以後，也沒有什麼人來看，這個法門也很少有人注意，但是在《大藏經》裡卻很完整地收錄著呢？

我個人覺得有兩個最大的原因：

一、**世尊曾在戒規中，不准佛門弟子卜卦、算命**。

但我認為這是一般佛門弟子不夠用功，沒有把這一部經典瞭解透澈，去體會世尊的智慧和用心，否則就不會拘泥於戒律，而無法深入研習修持這部經典。不然《金剛經》也提到所有的有為法，都如夢幻泡影一般，結果許多佛門弟子，還不是把許多經典每天抱得死死的在念、在讀誦，這是要讓我們多體會學習隨順性和圓融性的。

二、**應該是人的天性「心虛」吧！**

因為占察木輪就有如「照妖鏡」，如果所有的信眾、弟子都學會了，木輪裡頭有許多的輪卦相，大家看看這一百八十九種輪相就知道。

比如說我親近這個師父，聽他講經或跟他學法，或皈依他，他是不是有真實修持的道德呢？我跟他學什麼？讓弟子們來占察看看，師父有德沒德？沒德就不要跟師父學，等於是暴露自己。這也是「木輪相法」宏揚不開來的一個重要原因，所以我個人才會稱它為「佛門照妖鏡」。

在禪寺裡，我曾經跟住持師父聊起這部經典，住持師父說他曾經讀過這部經，但是沒有木輪，也不知道該如何來占察。我說：「師父，我大概有一點心得，自己也拜過菩薩、行過懺，也自己占察過，那種菩薩的感應，的確是不同於《易經》的卜卦。」我問師父，要不要讓我來幫他占察一次呢？結果師父趕忙說做晚課時間到了，一溜煙就走掉了，從此再也沒有和我談起這部經。

這不就是人性嗎？連已經出家慈悲修持三十幾年的住持師父，都有如此的心態，更何況是一般人呢？其實這個根本就沒關係的。你說師父沒德性，還有三業因果的業障在，那師父可以好好來修持啊！甚至可以帶著大家一起拜懺、精進共修。這樣不是更好，更值得弟子們尊敬嗎？

這也就是世尊為何直到快涅槃時，趕緊迎請地藏王菩薩來說這部《占察善惡業報經》的佛門照妖鏡。為的就是請地藏王菩薩作主，讓我們能夠照亮自己修持的心，看是否已經清淨，沒有雜思、污濁。是否在看起來清淨的外表下，仍然還包藏著利欲的禍心呢？是否道心都已經被邪魔入侵、干擾，卻還不自知呢？

甚至還可以直接以木輪相法，來與地藏王菩薩請示溝通，在菩薩以占察木輪時時刻刻的指引下，讓自己的智慧更成長、行為更端正。根本就不用痴心妄想地求感應。

所以我常對信眾、學員說，根本就不用求啥「感應、神通」，木輪一擲，不就直接通到地藏王菩薩那邊去，比打行動電話還快，哪還需要什麼感應呢？把一個模糊的感覺猜個老半天的。

因此我想，我們是否該好好地共同學習修持、弘揚這個法門。因為現在信眾的疑惑好多，好多的事情都認識不清，很迷惘。比如說筆者或師父要發心設個大道場，但沒這個力量，那怎麼辦呢？請地藏菩薩來指示我一條出路。或是說我想去買樂透彩，不是為賭博，也不是為做什麼，而是為要宏揚佛法，或者是要來做其他的善事業，如果占察出來是可以的，是相應的，那就是你的福報，是菩薩對你有保佑、感應。

因此大家得要知道這個占察木輪，還有個關鍵：什麼叫「相應」？什麼叫「不相應」呢？並不是你隨便把木輪一擲一求就會有答案的。這一定要熟悉瞭解經文，不是一知半解就能來隨便亂說的，否則會犯很重的「口業」。

地藏王菩薩渡人善巧次第法門

地藏王菩薩所說的法門，跟其他菩薩的說法有所不同，是有階段性，有次第的。

第一階段：先用「占察木輪相法」讓你得到印證，讓你馬上就可以知道吉凶、正邪、真假，這是善巧方便的第一階段。

第二階段：教我們如何行「占察懺」，誠心誠意地懺悔、用功精進，並且還可以隨時用「占察木輪」來查驗，三業障因果是否已經清淨。

第三階段：是更進一步深入到「一實境界、兩種觀行」的大乘修持方法。因為在拜懺還未達三業清淨之前，不能「打坐」、「禪坐」修「真如妙心」、「明心見性」的功課。這是第三階段的修持次第境界。

如果是一般法門的修持，你要修「一實境界、兩種觀行」，就會非常容易著魔。因為要等「三業清淨」再來「修定、修慧」，這時候一修就成了，否則有許多居士、出家眾，修持三、四十年，不只修不成「定、慧」，就是平常想要求個跟菩薩感應，往往都無法做到。

因為地藏王菩薩是善巧、入世的菩薩，講究的是先如何解決當下的問題和困難，再來和我們談更深入的「經論」道理。

三種輪相的簡單認識

第一輪相

有十個木輪，有善業、惡業之分：貪欲、瞋恚、愚痴（邪見）、殺生、偷盜、邪淫、妄語、兩舌、綺語、惡口。這叫十輪。這裡有包含過去世的，有現在世的，也有未來世的因果。

第二輪相

有三個木輪，為身、口、意。

第一輪相占察完了，再來進一步問問善業、惡業的輕重、遠近？占察第二輪相分為：身、口、意。

這三個木輪不能一起擲，因為這裡頭還有個相應、不相應的問題。

第三輪相

有六個木輪，直接瞭解俗世間的各種問題。

每個木輪在三面上（留一面空白），依序寫著一至十八的數字，這是可以單獨占擲的，就是用來求問現在世的疑問。從一至一百八十九個輪相，包括很多我們會發生、遇到的各種問題。

我們可以先將問題寫好，再將六個木輪一起來占擲，共三次，將木輪上的數字合計起來的數目，就是我們所求問問題的輪相回應，共有一百八十九個輪卦相，看是哪一個輪相來解答我們的心中疑惑，就是菩薩對我們的指示。

附錄二

四明居士簡介和學佛改運心得分享

＊俗家姓名：黃仕銘，法號「四明」。出生於台中大甲，五十二年次。
＊俗家經歷：大學資訊、建築，企管經理人研究班，外銷電機公司總經理，室內建築設計公司負責人，保險經紀公司主管。

求道經驗

◎一九八〇年，十八歲

機緣偶遇「少林寺」俗家師父「青雲師父」傳習《易經》，建立了《易經》、八字、五行、風水等學理基礎。

◎一九八四至一九九〇年，二十二至二十八歲

因家中開設外銷電器工廠，而忙於公司業務和成家立業，偶爾求訪諸家名師，習練道法和五行術數，但並未專心於修行習道上。

◎一九八九年，二十七歲

八月和前妻陳淑娟結婚，定居於苗栗縣苑裡鎮。隔年二月生下大女兒黃怡婷，一九九二年十一月生下二女兒黃怡蓓。

◎一九九〇年，二十八歲

離開父親的公司自行創業，至台中市開設建築設計公司，並代理行銷國外廚衛精品。

◎一九九一年，二十九歲

另於大甲外埔「王工文」老師處繼續研習《易經》課程，再次精進。

◎一九九五年，三十三歲

家庭婚姻突生巨變，與妻子離異，台中建築設計公司也結束營業。人生頓時陷入窮苦負債的艱難地步，本想於台南甲仙「六化寺」剃度出家，那晚卻因一段慈悲因緣，被女鬼幽魂附身，當時得「地藏王菩薩」顯化指示俗緣未了，須入世行渡化之便，以致未出家又回到台中，正式皈依入佛門，研習《金剛經》、《心經》，並受傳「觀音法門」、「準提法門」等佛法法門的修持。

◎一九九六年，三十四歲

從佛光山「星雲上人」受菩薩戒，並謹遵「觀音菩薩」的法旨指示，發願弘揚佛法和《易》學，開始免費在各地教習《易經》、八字與佛法，於三義、銅鑼、苗栗、台北等地，四處開班授課，學員幾近二千員以上。其中劉師兄、李師兄、張師姊、徐師姊等多位學員師兄姊，皆已學有所成，各自開館為眾生服務。本人也隨時於各地禪寺、佛堂，為人免費解惑，指點迷津，引渡亡靈，解愆化厄。

◎一九九八年，三十六歲

在眾多學員的支持要求下，在三義鄉成立「易學佛堂」，有了固定的場所來上課及為眾生服務。

◎二〇〇一年，三十九歲

十月又在「觀音菩薩」的顯化指示下，正式辭去所有俗世工作，接管三義鄉的「玉倫宮」，並將其改建為佛寺「玉倫禪寺」，供奉「西方三聖」、「觀音菩薩」、「地藏王菩薩」，專職護持三寶、弘揚佛法，普渡更多眾生。

◎二〇〇二年，四十歲

六月「易學佛堂」網站正式成立，提供詳細完整的《易經》、八字教學資料，另設有免費的卜卦網頁服務網友。

◎二〇〇三年，四十一歲

四月至七月於「觀音法門」準提觀音菩薩的「準提法」閉關修持圓滿後，遂將近十年來的講義著作集結成書，預計出版書籍有：《易經入門初階講義》、《易經中階晉級講義》、《易經中高階晉級講義》、《八字入門初階講義》、《命由業造——八字中階晉級講義》、《真正改運的實務經驗心得》（深入《了凡四訓》和準提法）。

◎二〇〇三年，四十一歲

二月於台中市設立「易學佛堂」台中講堂，發願弘揚教化地藏法門《占察善惡業報經》之「木輪相法」，並於研修「占察木輪相法」後，得「地藏王菩薩」開示並賜法號「四明」。

◎二〇〇三年，四十一歲

十二月在觀音菩薩指示下，至大陸桂林參加相親，和認識四天的「曾志群」小姐結婚。

◎二〇〇六年，四十四歲

一月在十幾位學員護持下，將「易學佛堂」遷至台中市健行路上，七月開始受邀至台北開課，於台北市忠孝西路一段成立「易學佛堂」台北講堂，開始在台北講課。

◎二〇〇七年，四十五歲

三月開始受邀至台南開課，於台南市友愛街二〇一巷七號成立「易學佛堂」台南講堂。

◎二〇〇七年，四十五歲

十二月因累世業障深重，無法避免地遭受到果報現前的業力，而暫時離開佛堂、家庭，開始二年的閉關苦牢生活。期間家人受到菩薩庇佑和眾多中階學員的幫助，均能維持穩定的經濟生活，和過著健康和諧的日子。

◎二〇一〇年，四十八歲

三月開始籌備成立「中華易學佛院文教協會」，五月開始受邀至高雄開課，於高雄市中山二路五〇七號成立「易學佛堂」高雄講堂。

◎二〇一〇年，四十八歲

十月九日「中華易學佛院文教協會」正式成立，北、中、南、高雄四地區分會也同時成立。

◎二〇一一年，四十九歲

六月在台北和高雄會員師兄姊們的發心護持下，於台北市中山北路一段二號五樓五〇一室正式成立「易學佛堂」台北佛堂。於高雄市仁德街三〇三號二樓正式成立「易學佛堂」高雄佛堂。

◎二〇一二年，五十歲

二月在台南會員師兄姐們的發心護持，和陳淑真師姐發心無私的奉獻，捐出其住家場所，於台南市中西區友愛街二〇一巷七號四樓正式成立「易學佛堂—台南佛堂」。

一位《易經》老師的學佛心得——根本改運之道（一）

如何知命，進而改命呢？

對於一位出身清貧，又對《易經》、命理有興趣的人而言，絕對是非常想要從「知命」而到「改命」的。但是老師從十六、七歲起，不斷尋訪名師、鑽研經典，卻一直無法從《易經》中瞭解到如何改變自己不好的「未來」。

災運、痛苦、失敗、負債、婚變，一一在命中應驗

老師就如同一般人一樣，從學校畢業、當兵、結婚、創業、生子，也面臨了工作不順利、公司經營不善、負債被騙、婚姻起變化，種種人世間的悲、歡、離、合、苦、痛、哀、樂，真有如老師對自己命局大運的推算一般，一一應驗。

印象最深刻的是，當我決定要與女朋友結婚時，青雲老師勸我：「你真決定要結婚了嗎？她對你剋得非常的厲害，尤其在走大運三十三歲時，『傷官』大凶運，你的氣運根本制不住她，會有離異的事情發生呢！」

還記得很清楚的是，我回答老師說：「愛上了，又有什麼辦法呢？到時候再說了。」真如青雲老師

所料，三十三歲，我經歷了一段痛不欲生的婚變折磨，最後還是與認識了十五年的妻子離婚。

體悟《了凡四訓》，皈依佛門

民國八十五年，一個落魄、負債、潦倒的生意人、學《易經》的人，在讀過《了凡四訓》後，終於有所體悟而皈依了佛門，開始學佛、拜懺、當義工，從此慢慢改變了我的一生，不再如同命局、命運中那樣宿命的悲慘、不順。工作愈來愈順利，義工也愈當愈有興趣。八十七年終於還清了債務，開始不再受到財務上的困苦。

也因此能將自己的心得、歷程與眾生結緣，希望大家都能像我一樣，走出惡業、壞運的擺布，在行善助人、佛法的修持中，真正掌握自己的人生和運勢。

以下節錄幾段在十幾年的上課中，與學員師兄姊的學佛心得分享。

如何正確學佛

老師在二十幾年的《易經》學習中，深刻體認到，《易經》命理雖然可以將一個人未來的吉凶發展，批解得十分準確，但是又該如何化解不好的厄運呢？

不論是卜卦、八字、風水，甚至是符咒，似乎都無法提出根本解決一個人的災厄或不好習性的辦法。雖然仍有許多所謂大師，誇口標榜透過「改名」、「擺設風水」、「戴開運水晶、天珠」，或刻個

「改運印章」……就可以改運，但其實幾乎都無法徹底改運，有的甚至還斂財騙色，胡作非為。

但是在佛法中卻有真正的根本解決方法。所以為何再怎麼「算命」，都絕不是根本，唯有佛法才能徹底治本，改變一個人累世的惡習、業障和壞運。

佛法若是沒有效，試問，自從「釋尊」傳法二千五百多年來，願意皈依、出家相信佛法的人，已經數億萬難以計數，難道這些人都是「迷信」嗎？歷代這麼多高僧大德，都是空有其名嗎？當然不是，他們在在印證了佛法的可信性，以及「科學性」。

我個人在民國八十五年正式皈依成為佛門弟子。其實讓我對佛法開始有認識，是從一套漫畫版的《佛陀傳》和《了凡四訓》開始的。因此一個初入佛門的弟子，是絕對不能不讀《佛陀傳》，它應該比任何佛經都來得重要吧！

看完《佛陀傳》和《了凡四訓》後，接著看南懷瑾大師所寫的《金剛經說什麼》。因為南大師也寫了許多有關《易經》的書，如《易經雜說》等，所以也就從他的相關著作開始閱讀。

可是面對三藏十二部、八萬四千法門、五宗十派，如此繁複的佛門經典派別，又該如何學佛呢？其實這也是一般大眾，想要學佛時最大的盲點。

有些人會開始讀誦《心經》、《普門品》、《金剛經》、《地藏王菩薩本願經》，或每天努力地持誦咒語，如「六字大明咒」、「大悲咒」，或很虔誠相信師父所說，一門深入地念著「阿彌陀佛」佛號，祈求能被接引到西方極樂世界。

剛開始老師也是這樣隨俗努力地做著這一些功課，但是後來卻覺得好像不應該是如此，在讀了更多經典和高僧大德的著作後，才體悟到原來佛門就像是一所「大學」學院啊！

當我們想開始學佛時，就像當初剛進大學要開始一個新的學習沒兩樣，所以要先建立幾個基本態度。

1. 要先註冊——也就是皈依。
2. 要做必修基本功課——拜懺、念佛、持咒。
3. 開始讀佛書、佛經——《佛陀傳》、《了凡四訓》和一般佛經。
4. 法門的傳法修持——皈師傳法，發願濟世助人。

一、要先註冊

就是一般所說的「皈依」，把自己的學習心思和學習方向先確立下來，正式皈依註冊為「佛門弟子」，並且開始守校規——五戒、十戒、菩薩戒，然後再開始選課，找老師教授規畫往後的學習課程和進度。

一般皈依只要有供奉佛菩薩的寺院、佛堂都可以請求師父為我們辦理，並非皈依在哪一個宗派或是師父之下，而是註冊皈依到佛門。我們的校長就是「本師釋迦牟尼佛」，諸菩薩就是我們的系主任，而幫我們皈依的師父，只是一位引導師。

不是如一般人的錯誤想法，一聽到「皈依」，就緊張地問是不是要「出家」？要「吃素」？要「離開家人」？或不能「行房親熱」？根本都完全不是以上的意思，在生活上不必有太大的改變，只是要確立一個學佛的心念和學習目標。

二、基本必修功課

就像每個科系都會有基本必修的課程一樣佛門學習修持，也有其必修的功課，就是：拜懺、持咒、念佛。

因為每個人在學習上都會有不同的因緣和累世的習性，佛門裡的法門派別，就像大學裡有那麼多科系一樣，也是為了因應各個不同學生的學習興趣而規畫。所以在還沒有很清楚自己想學習哪個法門時，就一定要先建立好基礎，因此一定要先從「拜懺」、「持咒」、「念佛」做起。

◎拜懺

可從簡單的「地藏懺」做起。「易學佛堂」幾年來一直都在推廣弘揚持拜「地藏懺」，也編有CD音樂和教學DVD，歡迎大家索取觀看學習。

所謂「修行」，就是要從改變修正自己累生累世的劣根習性和不好的觀念行為做起。因此要時時檢討、懺悔自我不好的習性和業障，才能隨時提醒自己不斷精進。所以在自我拜懺和拜懺的法會跪拜儀式中，反省、檢討自我的惡習和罪業，才是拜懺最重要的目的！這也是許多高僧大德不斷強調，修行改運的第一步就是要從「懺悔」做起。此「懺悔」的功課就稱為「拜懺」。

「地藏懺」是屬於個人懺，要求一定要「每天」持續做，每一階段至少要四十九天，甚至一年或三年以上不間斷，才能發揮其功效。至於在拜懺修持中會產生的諸多反應，會另外在其他書中詳細解說。

其實佛教中的「拜懺」，和基督教中的「禱告、告解」是完全一樣的道理，在懺悔中祈求神的庇佑救贖。

◎持咒

在佛門中有許多「咒語」，又稱為「真言」，也有人將「咒語」視為宇宙的自然音。其最重要的作用，就是和諸佛菩薩產生音頻和磁場的共鳴，而得到菩薩的感應或能量的加持。

一般每一尊佛菩薩或每部佛經中，都有其特定的真言咒語，像大家熟悉的觀音菩薩「六字大明咒」、「大悲咒」，地藏王菩薩的「滅定業真言」，以及「百字明咒」、「藥師佛咒」，和最有名的《楞嚴經》「楞嚴咒」。

持咒可以隨時隨地，不拘場所地點、坐車、走路、等人、休息時都可以不斷地持誦，使自己的心念磁場和菩薩接續，自然就可以產生感應。甚至在遇到一些危難，或在不好的場所如醫院、陰森地，或心生害怕恐懼時，都可以透過持咒，祈求菩薩庇佑，安穩我們的心神情緒，這常會有不可思議的功效。

對於咒語，不需要去瞭解其內容語意，重點是在音頻聲調的調和順暢，也不要刻意強調一定要如何發音誦念，無所謂什麼藏音版、梵音版、漢音版、日音版誰才會有最大功效，這都是錯誤的觀念。

◎念佛

其實念佛的意義和持咒差不多，都是要和諸佛菩薩產生共鳴，和收攝自己的雜亂心性。但是誦念佛號是要對佛菩薩產生絕對的信心和歸屬感，就像一個小孩對母親的繫念和呼喚，自然就能感受到佛菩薩像母親一樣，隨時在我們身旁照顧我們，而能不害怕、不恐懼地面對許多的災難、厄運。

一般誦念佛號可以持誦「阿彌陀佛」、「本師釋迦牟尼佛」、「藥師佛」等，也可依個人修持的法門和因緣，持誦「觀世音菩薩」或「地藏王菩薩」聖號，並沒有規定一定要持誦哪一句佛號才是對的。

有時習慣上會將念佛和持咒合在一起持誦，如每回先念三聲「南無大慈大悲觀世音菩薩」，再接著念二十一或四十九聲「六字大明咒」，如此持續三至七回。

三、看佛書和讀佛經

◎看佛書

除了自己在家念經，或在共修、法會誦念各種佛經外，更應該要看讀包含各種傳記，如《佛陀傳》、《了凡四訓》、《歷代高僧傳》、法師心得小品……等相關佛書，才能使我們對於佛法的觀念、知識，有更廣泛的瞭解。

佛經中所記載，佛陀當時在傳法時，幾乎都是針對不同學生的問題，隨順因緣契機施教，對於許多問題其實並沒有所謂的「標準答案」。所以同一個問題，「阿難」來請示，和「須菩提」來請示，可能會有不同的答覆喔！

因此在讀誦佛經之前，老師都會建議可以先把《佛陀傳》看幾遍，瞭解當時的一些時空背景，佛陀跟諸多弟子間的互動關係，很快就可以明瞭經文中所要傳達的智慧，才不會陷入文字障的法執中。

這也是為何會有「捻花微笑，不立文字，教外別傳」的禪宗法門產生，就是因為有太多人在學佛修持中，往往將佛經裡的「文字」視為神聖不可違逆，過於注重字意表相，而忽略去深思其內涵的意義。

◎讀佛經

讀誦各種佛經，如《心經》、《普門品》、《地藏經》、《阿彌陀經》等，這是一般大眾最普遍的學佛功課，但也是最容易造成錯誤觀念的地方，因為大家覺得好像把佛經拿起來看一看、念一念，就是在「學佛」了，就可以「改運」了。

這就好比我們到書局買本《家庭醫學百科》回來看，難道就已經算是在「學醫」了嗎？當然不是！只能說是開始建立一般的醫學常識而已。所以說，想要由只是像常識般的佛法來改運求解脫，可能不是那麼容易。

因此一開始老師才強調，這就像是在一所大學裡讀書，要有階段、程序、步驟的。尤其對於許多佛經的內容道理，一定要有實修的人生體驗，要能夠懂得經文中的智慧，不是一昧讀誦就能通達的。而所謂的「實修」，就像是許多大學科系所安排的「實習」啊！

所以切莫再認為一直「誦經」，是有什麼功德福報的，若是無法暸解其中道理，然後在生活中身體力行，也只不過是在讀死書罷了。老師最喜歡問學員，說說看讀經後的「心得」感想，若您也說不出什麼感想的話，那就要更加努力用功，或檢討自己的學習方法和態度是否已經有所偏差了。

四、法門的修持

經由「拜懺、讀經」建立了對佛法的基本認識後，就要進入「心法的修持」，才能更進一步的徹底改變我們的累世習性和業障，或和佛菩薩起感應，得到智慧的開啟。

在法門的修持中，最需要建立的正確心態觀念就是「發願皈師」和「行善濟世」，而一般佛弟子最熟悉的法門，莫過於「觀音法門」了。

經過上述基本功課後，一般人都能夠對佛法有所體悟，也能夠大概知道自己的佛緣根性所在，看自己和哪位菩薩有較深的累世因緣，就可以進一步深入「選修」法門了。就像在大學要進入研究所，準備要選修哪項研究主題，和跟隨哪位指導教授學習了。

這幾年來接觸了許多師兄姊，發現雖然有人已經皈依佛門，也念經、拜懺了好幾年，卻始終沒能為自己帶來更好的運勢，就是因為沒有好的機緣，能更進一步來修持菩薩心法，所以終究無法根本地改善自己的惡業和障礙、煩惱。

以上四個階段，是我們入門學佛要循序漸進的功課。若只是拿本佛經一直看，每天早晚課一直做，法會經懺一直趕，其實都是很片面，很難開智慧的。

尤其有許多人會問老師說，參加法會、誦經、持咒，然後迴向出去，不是「功德福報」很大嗎？其實這是很糟糕的錯誤觀念。

所謂拜懺、持咒、誦經、念佛等功課，或「吃素」等，都只是著重在修養自己的心性，開啟自己的智慧，是跟自己本身有關係，哪有什麼福報功德啊？福報功德是在「利益眾生」上。

所以這一些功課，都只是基礎能力的培養，有了能力然後進一步去利益眾生，去行善濟世，才能夠累積福報，才能夠化解因果業力。所以佛門中才會說「積福消業，修慧造命」，兩者都要並重啊！

「一門深入」有廣義的解釋，就是「佛門」，甚至就是「勸人為善，諸惡莫作，眾善奉行」的法門，都可以讓我們堅持不退地奉行修持。

世間善法都值得我們去學習弘揚，當然不會只有「佛教」一派而已。所以學佛之人絕對要注意不要有任何的「法執心」，認為只有跟著師父念經、學習的法門，才是獨一無二的。

尤其是在每個人的學習過程中，更是要不斷地去充實、去瞭解各種不同的學派理論，才能知曉最適合自己的機緣在哪裡。

就像我們從小到大，難道只會跟隨一位老師學習嗎？因此在佛門學習上，也不建議一輩子就只跟著一位老師學習，那會很容易犯上「我執心」，眼界、心胸都會變得很狹隘。像佛陀的本生前世為「善財童子」時，也要向五十三位大菩薩、善知識請益學習的。

因為在佛界中有許多師父的宗派、教門不同，師父為了要拉攏護持禪寺、師父的信眾，而有意無意地曲解了「一門深入」的意思，雖說是讓弟子避免心思不定而隨意求法，卻也泯沒了很多佛弟子的正確求知心。

因此，若是此弟子機緣在此，當然要鼓勵他好好「一門深入」地學習，這樣自然就能一法通、萬法通。

眾生無邊誓願度。煩惱無盡誓願斷。
法門無量誓願學。佛道無上誓願成。

為何要發願「法門無量誓願學」呢？以我個人的學佛心得來建議，還是要多方去看、多學、多體會，不要為了一些宗派或傳法師父的法執心，而誤自己的學習境界。

佛法有八萬四千門，當有一種法門是適合你的學習機緣，那它就是你的「最佳不二法門」了，而不是哪一位師父所標榜鼓吹的法門喔！

佛法中有教佛弟子卜求吉凶禍福的法門嗎？有教求財、求官、求事業、求健康的法門嗎？

佛法有八萬四千門，佛經有三藏十二部，概略也可以分為「出世間法」和「入世間法」。所謂

「入世間法」，就是在這人世間幫助我們解決當前問題的方法。最直接的就是「入人世間的人道善巧三法」：

一、地藏王菩薩所說的《占察善惡業報經》。就是專為占察「三世因果」，求卜吉凶禍福業報輕重的占察法。

二、東方琉璃藥師佛所傳的十二願法門和「藥師咒」，就是專為解病厄、求健康、延壽命的法門。

三、準提菩薩所傳的「準提咒心法」，就是專為世人求官、求財、求福報、求子、延壽、求健康的修持法門。

中國佛教的傳法自從唐宋以後較偏重於「出世間法」的顯教淨土宗和禪宗法門。淨土宗所強調的「一心念佛」，自能脫離此世間的苦樂、煩惱、病痛，而於往生後到達「西方極樂世界」，對佛弟子修持而言，的確是非常好的簡便法門。禪宗法門則如《金剛經》、《心經》中所闡釋的「空性」，和「放下一切，出此世間」的不執觀法門。

由於淨土宗和禪宗大盛於中國，加上宗派之間我執心的互相排斥，以至於上述善巧三法，除了「藥師咒」在民間稍有所聞外，其餘兩大法門根本就很少有法師願意修持、傳法、開示，當然其他的佛門弟子更是無此機緣去瞭解修持。這當然是此世間人道中的眾生一個很大的損失。

略說準提咒心法

準提佛母菩薩的「準提咒心法」，在一般佛經典籍中很少介紹，因為這是屬於密部中的密法修持法門。祂在中國的傳揚是因為一則相當有名的改命公案，那就是袁了凡的《了凡四訓》。雲谷禪師傳授給袁了凡「準提咒心法」的修持，顯示了「準提心咒」對於許願求官、求子、求財、求感情有莫大的神通力。

而準提佛母菩薩是觀音菩薩在六道中，專為了渡化人道眾生，而顯化出另一能滿足世人俗世間願望的大菩薩。其中祂專屬的「準提鏡」，更是為了要與眾生能盡速相感應，特別專有的修行法器，是其他菩薩法門中所沒有的特色。

但是要修持準提心法「準提咒」有兩大基本要求：一為「三業清淨」，一為「發心行大願」。

所以在「準提心法」的修持中，許多人有著很大的誤解，認為這個法門可以滿足我們的祈求，就拚命地持咒修持，其實這是不對的態度。

所以為何要將「準提法」收錄在「密部」之中，而在修法時一定要有老師或法師的傳法教導呢？因為要修「準提法」時，一定要先「三業清淨」，或先「發大願」。畢竟天下沒有白吃的午餐，否則當準提佛母菩薩應允了你的所求，而你卻沒有適當地迴向、回饋付出，那可就是一件很不公平的事了，你認為這樣合理嗎？

在「準提咒」的修法中，有兩個最特別的地方，這是與一般其他法門最大的不同點，就是：以「準提鏡」來和準提菩薩快速相應；以及「白衣修持法門」。什麼是「白衣」呢？就是俗稱的「在家人」，一般的在家居士、世俗百姓，就稱為「白衣」。

在佛法中有許多法門都非常好，但是規矩、戒律很多，像要求吃素、夫妻分房、閉關等。比如修「大悲咒心法」就有這種規矩，所以許多人都修不好「大悲咒心法」，就是因為不能完全照規矩來修持。而「準提咒心法」就完全沒有這一方面的要求，所以稱為「白衣法門」，不用吃素、夫妻分房和閉關，是最適合一般在家眾修持的法門，也是佛門中最符合一般世人修持的「入世法」。

以上略述老師的學佛心得。近十年來，老師始終將《易經》當成幫助人的法門之一。因為透過《易經》的學習瞭解，讓老師的心靈能更充分與佛菩薩溝通，在佛菩薩的指引下，讓智慧更加成長，許多不好的習性和行為也改進了不少。或許這就是高僧禪師們常說的，在生活中活出自己、活得自在、活得有智慧，所謂的修持吧！因此透過《易經》的教學和書籍的傳承，希望能夠幫助更多眾生解脫他們的痛苦，這也就是本人最大的快樂和心願了。

「易學佛堂」所有的出版書籍，都歡迎各界大眾免費索取傳承。若有對老師的肯定和支持，也歡迎能夠隨緣捐助或助印，所有捐助款將用於社會救濟和宏法，謝謝大家的支持，感恩，阿彌陀佛。

一位《易經》老師初入佛門的學佛心得及改運的心路歷程（二）

九十二年十二月《易經入門初階講義》正式出版發行後，有許多的讀者來函或來電，一方面是肯定老師對於這本講義，在「易經」學術教授傳承上做了簡單又有系統的整理，給許多有心學習「易經、八字」的讀者學員提供了很好的學習教材，讓「易經、八字」的學習變得輕鬆多了，也是肯定老師這一番的心願和努力。

但是也有更多的師兄、師姐對於老師如何在面對生活、事業、家庭、婚姻的困境時，在佛法的修持幫助下，改變了自己的業障、壞運，而在二、三年內找到了另一個新的生活方向，反倒是更有興趣，這是令老師所意想不到的，可見許多人對於真正能夠改運、掌握自己還是很積極的！

老師在佛學和易經八字的領域中，有更深一層次的領悟，所以想以心得分享來傳揚善知識。也希望眾多師兄姐的鼓勵下，將老師這十餘年來在學佛、改運上的心路歷程，慢慢和有緣的諸位學員讀者分享。

想成功，能力不是第一，有福報才是！努力學習、十項全能

這一句話，對於二十來歲剛要創業的年輕人來說，或許是很殘酷、不能接受的一個說法，總是認為成功是九十九分的努力、一分的機運，跟福報有啥關係，努力才是最重要的！但是以老師二十幾年來的

親身體驗和許多過來人的經歷得知，命運和福報的影響的確很真實、殘酷，也希望能藉此生命歷程的分享，帶給一些有緣人些許共鳴和領悟。

如果以老師的成長過程來講，的確稱的上是「年少有為、少年老成」，或許也可以稱為「小時了了、大必未佳」的典範吧！因為從十歲起，家中創設了電機、電器工廠，所以老師很自然的在工廠裡幫忙，成為台灣經濟奇蹟中的第一波小童工了。

再加上老師從小讀書學習反應都很快，不但在學校的成績都名列前茅，甚至對於工廠中的各種機具、製造模具的操作，也都是很快的就學會，理所當然的就成為工廠管理中的好幫手。從小到大的生活，除了學校就是工廠了。

隨著公司工廠的業務越來越大，在父親有計畫的培植下，老師所學的專長也越來越多，從基本的電機、電器、馬達的組裝維修，到倉管、採購、生管、生產線的規畫，甚至品管CNS的學習，和整廠CIS品管制度的建立，幾乎都是在十八、九歲時就已經很熟悉。

上了大學，更是努力的從資訊和國貿開始學習。當時的心態是，非得把以後公司要用到學問通通學起來才罷休。當兵時，第一年擔任文書，又將文書、文件、資料的管理作業，被紮實的學了一遍。

當兵的第二年，又被送去接受無線電兵訓練，將報務電訊以及通訊器材儀器學得精通。所以說退伍後，老師幾乎「十項全能」，因此整個工廠的運作在短短的半年內就有了很大改變，那一年的訂單就已經突破了往年的三倍。老師還利用假日時間，參加了企研所和國貿英文的進修，像個「有為奮發」的青年般，非得在今生做個大事業不可。

公司的整個業務運作，從貿易商接單轉而直接和國外客戶接L／C訂單，到生管、倉管、品管、出貨，老師無一不親自參與管理，工廠也朝向電腦化管理提升轉變中，在台北的信義世貿大樓裡，也設立了分公司來接待國外客戶。一切計畫成長，都是按照規畫中的安排，一步一步邁向老師的事業版圖夢想。

今生命中的大債主

看起來一個年輕有為的企業家似乎就要產生了！不過許多事情絕非人意可以掌控，不要說外在環境或人的變化無常，甚至連自身也很難掌控。我當時的心態很天真，事實上現實有很多的困難和衝突的，這其中最大的衝突，就是我這個小老闆和父親大老闆間的衝突，始終沒有停止過。

這個大老闆算得上是我的「冤親債主」。老師的個性較積極、好學，但也很固執、講信用、對事情不馬虎，也不喜歡喝酒、應酬、說廢話！偏偏這個大老闆就是喜歡亂說話、亂承諾、不守信用、愛應酬喝酒，反正做生意花天酒地的那一套，他都非常的熟練、熱中。

就在幾次大老闆私自將產品偷工減料、亂改交貨船期、挪用公司資金炒股票，在數次吵架協調不成後，老師只能憤然、無奈地離開了努力經營近十年的「自家公司」，而到另一家原是客戶的貿易公司上班。

現在說來輕鬆，但當時可是又苦、又難過、又憤怒、又心碎、又無奈，感嘆上天對人的折磨，一個有為青年的偉大夢想幾乎碎了一大半。

重新思考，規畫人生

其實老師在當時真的很慎重的思考一件事情：該如何地規畫屬於自己的未來事業和人生！因為從小到大，老師都很順從家裡的要求教導，所學的都是對自家公司有利的專長，而完全忽略了「自己」的興趣。

其實老師最有興趣的是寫作、設計繪畫和心理學，只是在當時的環境下，男生想去學這些東西，是會被笑沒志氣的，更是何況長輩完全不允許。

不過在一番思索之後，老師決定要重新規畫自己的事業，能兼顧賺錢和興趣的，就是設計繪畫的工作，所以在二十七歲時重新發憤努力，轉而學習建築設計製圖和裝潢工程，一邊在貿易公司上班，一邊晚上、假日去上課，很辛苦艱難、日夜不眠地將課程給完成，並且在二十八歲開設個人門市工作室，開始接裝潢建築工程的案件，隔年就在台中市文心路上開設一家建築設計公司。據說當年老師所學習引進裝潢設計的電腦繪圖軟體，還是台中市的第一套呢！

這個設計公司的頭三年很賺錢，但是到了第四年，而很多問題慢慢地醞釀發生了。

業障習性繼續來破壞

固執、傲慢、積極學習、要求嚴格，一直是老師很大的優點和缺點，所以設計公司底下的員工開始陽奉陰違了，工程出了問題不往上報、監工時隨意懶散、私下接工程給包商做、或對客戶訹說老闆的是非，而且工程人員意外傷害事故特別的多，工程品質的瑕疵也不少，因此公司開始虧本。

越是不賺錢，就會越往偏處投資。人在走衰運的時候，越會被「鬼迷了心竅」。開始到處找「大師」、找「仙姑」、開壇作法、拜財神、補財庫，什麼五鬼運財法、偷福補庫法、通靈借財法，幾乎通通都去做過、試過。

結果老師不但心思越來越偏差，連脾氣也越來越暴躁，生活作息也越來越不正常，甚至連家中的太太、小孩，也常常遭受我的脾氣和臉色，搞得家裡的生活一團亂。

最後在通靈神明的指示下，儘管所有家人和太太都反對下，老師仍固執的在三義鄉與朋友做了一筆很大的房地產投資。

果然如家人所料，損失了好幾百萬元，也因此埋下了與太太離異和設計公司結束的禍因。

終於在八十四年與妻子痛苦地離婚，也結束了自行在台中開創的建築設計公司，負債累累、窮苦潦倒地的回家潛藏休息，真的是家破人散、妻離子散、眾叛親離呢！

從《了凡四訓》和《佛陀傳》中體悟到佛法的精深和究竟

在家裡休息的一年中，除了發呆、恍神、嘆息、睡覺、閒逛、無所事事之外幸好還看了幾本書，其中一本就是《了凡四訓》，結果帶給老師很大的「震撼」！深刻地體會到什麼叫做「命運掌握在自己手上」的道理，知道了原來在易經、八字命理之下的宿命人生，還是有著很大的發揮空間，就看自己願不願意去爭取、去努力！對於早已經有易經八字基礎的我來說，好像又找到了一線生機。

有了這樣的體認後，開始慢慢找一些「佛經」、「佛書」來閱讀。剛巧以前幫小孩買了一套《佛陀傳》的漫畫，也開始閱讀。沒想到越看越有趣，知道「佛陀」不只是高高供著「拜拜」的神明而已。其中的故事、情節、理念，不是我們所想的那麼單純，是有很深的人生道理和生命的意義。「希達多」在當時冒著那麼大的「罵名」，深夜裡偷偷跑出去出家修行，誰能想像他偷跑出去時，要擔負著多少的罪過？

不當國王，對國家不忠；偷偷出家，對父母不孝、對妻子不情、對小孩不義。在當時這種處境下，他的掙扎要有多大呢？可是為何最後他還是做出了決定，就是要「出家」來追尋人生真正的意義和根源呢。這樣的心境是不是值得現在的我們來體會呢？

深刻體會到能力只是第二，福報才是第一重要的

就在幾番心境翻騰之下，慢慢地對佛法有了一點點認識，開始到一些佛寺禮佛，或找幾位師父聊一

聊，甚至還到了「甲仙」的「六化寺」去掛單拜佛，甚至想要就此在寺院裡出家，從此遠離一些世俗雜務的煩惱和糾纏。結果因為發生一件事情，而導致機緣尚未成熟，使得出家的心願不能順利來實行。

其實那時想出家的心態，不是很正確，因為是在很難過、傷心、潦倒的情境下，想要躲避一些世俗的煩惱，才會有這種「出離心」，其實內心理根本就不是要透過出家的修行，來深入的學習領悟生命的意義和真理。也剛好發生一件機緣，有幸得到「地藏王菩薩」來顯示感應告知，需要再回到俗世間來行菩薩道，來教化、度化眾生，所以才沒有剃度出家。

但是在與寺裡的師父多日相處請示之後，再加上自己對於《了凡四訓》的體悟，終於慢慢知道今後該如何來安排自己的未來了。

回來家裡後，在菩薩的指示下，沒有再回到台中市重新開立設計建築公司，而是來到一個完全陌生的地方：「苗栗市」，重新開始我的生活和工作。當然這時候老師作了一個很大的決定，就是學「袁了凡」非常虔誠地發了「心願」，願意當義工、弘法、教易經、幫助眾生。

因為老師此時已經深刻地體會到，想要平安順利的過完這一輩子，不再受到業障因果的煩惱和折磨，或想要完成心中的一些理想、希望，「能力絕對不是第一、福報才是第一！」因此我必須用我的另一種付出，還換取原本不屬於我的幸運和福報。所以從八十四年開始，假日當義工、晚上幫學生上課、平時就幫人卜卦、批八字，每天都幾乎要忙到十一、二點才能夠來休息，結果呢？

上天絕對是公平的、佛法是不會騙人的。在第三年，老師終於還清了負債，經濟開始快速好轉，生活也越過越有意義，工作也越來越順利。想當年在不順利的時候，花了多少錢，到處找老師、神壇、仙姑來改命、作法、補財庫，甚至連名字也在某一位大師的鐵口直斷慫恿下給改掉了，而這些都是是沒有效的！該賠錢、該離婚、公司該關門，還是通通照樣發生了，當初所有的愚昧努力，還不如這幾年腳踏實地的布施付出，來得有效而且又扎實。

所以就老師的慘痛經驗來看，每一個人都想要使自己能過得更好、更順利，也會花許多時間和金錢，很努力地使自己變得更好！只可惜「方法」都用錯了。尤其是會受到許多民間神壇和「某些大師」的誤導，而白白浪費了許多的金錢和精神，這一些都是老師曾經遭遇過的悽慘經驗，所以現在老師對於這一些「江湖術士」都是非常的痛恨和不屑。也希望能藉著老師的經驗和心得，使一些有心想要改運的讀者，能盡快找到正確的方向和方法。

附錄三

「易學佛堂」的精神宗旨與近年發展計畫

四明老師一直有個理想，想發揚、推廣《易經》、八字的理念，而不只是單純地用來為人論斷吉凶、說好壞，如此才能回歸到這種經典學問教導人們向善、增長智慧的精神宗旨。最好是能再和佛理互相結合運用，以佛法來入理、《易經》命理來入事，從表裡事物問題解決，進而深入到業障因果的根本。以「《易》學為標」、「佛法為本」，開啟另個修行法門，幫助眾生更有效地解決人生困難，以堅定的信心來修佛、行善、發揚慈悲心，所以才設立「易學佛堂」，進而成立「中華易學佛院文教協會」，希望藉由「易學佛堂」的設立，幫助更多需要幫忙的眾生，也與更多的眾生、善知識結緣。

「易學佛堂」精神宗旨

一、以傳揚、教化正確觀念的《易》學和佛法為主，老師個人不收取任何學費，一切均由學員發心隨喜護持佛堂、協會。

二、積極透過網站資訊、書籍出版，來弘揚正確的《易》理、佛學。

三、不斷在學校、社團中開課、教學，教育出更多相同理念的人才，一起來推動佛堂的精神理念。
四、建立禪修道場，提供想進一步修持的同好、學員，有個溫暖、舒適的地方，共同精進努力，共同分享智慧，互相扶持的道場。

發展計畫

一、九十年十月完成網站架設。
二、九十年十二月完成三義「玉倫禪寺」改建工程。
三、九十一年三月完成免費卜卦程式網頁設計。
四、九十二年九月至九十三年十二月，預計出版以下書籍：《易經入門初階講義》、《易經中階晉級講義》、《易經中高階晉級講義》、《八字入門初階講義》、《命由業造——八字中階晉級講義》、《真正改運的實務經驗心得》（深入《了凡四訓》和準提法）。
五、九十三年二月於台中設立「易學佛堂」台中講堂。
六、九十三至九十四年，計畫建立「準提菩薩地藏木輪禪修道場」。
七、九十三年九月，計畫發行出版《地藏占察木輪月刊》，弘揚推廣地藏王菩薩的「占察木輪相法」，並協助諸位善知識傳承弘揚他們的心得與著作。
八、九十九年十月，正式成立「中華易學佛院文教協會」，將命理善書免費贈閱結緣，並積極在北、南、高雄成立佛堂。

附錄四

「易學佛堂」擴大招生感言

在多年教授《易經》、八字的課堂中，學生總是常問我一些問題：

「八字算命到底是什麼？到底準不準呢？」

「《易經》卜卦又是什麼？是不是算命呢？到底準不準呢？」

探知未來、瞭解自己、預測吉凶，似乎永遠都是人類最感興趣的項目，甚至是生活的意義和動力。可是對於中國文化五千年來如此深入民間人心的《易經》、八字命理學，絕大多數的人都是矇朧無知的。在周遭生活中，它隨時都存在著，時時被談論著，但是又有多少人真正知道《易經》的精神在哪裡？又該如何運用《易經》中的輪相、卦意，來為自己引導出一條最正確的路呢？真是很令人惋惜呢！

「八字」的下場其實也比《易經》好不到哪裡去。或許，甚至連在滿街的命相館中，正滔滔不絕為你批解未來生死、吉凶的大師們，對於「八字」的精神是什麼，也都說得不清不楚吧？二、三十年來，這種感觸一直在心裡低低沉吟著。

這幾年好羡慕、好嫉妒「星座學」呢！那麼多書，那麼多節目，那麼多青年學生，不斷地在討論、學習著，連我這種食古不化的老人家，都趕緊買了好幾本回來研究一番。結果，二、三十年來對《易經》、八字，那種失落的感觸又更加深了。

星座學和八字的邏輯道理幾乎是完全一樣的，只是所使用的名詞不同罷了。而且許多八字所談到的道理，更是星座所無法比擬、深入的。因此可以肯定地說：星座和八字的入門基礎邏輯都是相同的，但是八字卻多了「陰陽五行」和「本命元神旺衰喜忌」的變化運用，使得推算未來吉凶的精準度，遠遠超過了星座學。但是為什麼懂的人這麼少？難道真的如此難學嗎？還是那麼多學會八字的老師，都那麼自私，不願傳授自己的心得？難道身為中國文化背景下的人，連命理學都竟然只會西方傳來的「星座學」嗎？

基於這種感觸，我對自己下了一個決心，一定要將《易經》和「八字」的學問文化精神弘揚出來，期待有一天在各個校園中、電視節目中、青年學子中，大家也能夠興趣熱烈地討論著《易經》、八字。有了這個理想和願景，當然就要有實際的計畫和作法。開課、上課、開課、上課……從北到南，在社團，在社區，在佛堂，我不斷教授著學生。設立網站，著作出書，我不斷告訴大家，什麼才是正確的《易經》和八字。多年來堅持著發心來護持佛堂，老師都將上課學費全部或部分捐給佛堂，卜卦八字服務，個人也絕不收紅包和供養，為什麼呢？因為這是我的心願、我的理想。

如果《易經》、八字和占察木輪，能更加廣泛地弘揚，能被更多人學會和瞭解，自然就會有更多的人受惠而得到幫助，或許這世上就會少幾個可憐、不幸的人吧！這是我的理想和願景。

所以，想學八字嗎？想學《易經》嗎？或想研習地藏占察木輪相法？請盡量不要客氣，來佛堂找老師吧！除了將所收上課學費一半捐給佛堂助印善書，我真正最想要收的學費還是：「學會後，來當三年的義工，用《易經》、八字、占察木輪來幫諸位家人、朋友和不認識的眾生服務。」

這就是「易學佛堂」的精神和宗旨。我有信心，只要你肯用心學，循序漸進一步一步來，不怕學不會。就算是這一世或許只能學到第一階段，沒關係，下一世繼續來，一世一世學下去，一定可以學到透澈明瞭的。

有學生問我：「《易經》、八字要學多久才學得會呢？」

我說：「以我的個人經驗，在過去的四個輩子，再加上這一世的三十年，而且目前還在學習進行中，所以大家認為要學多久呢？」因此菩薩在九十二年八月賜給了我一個法號叫「四明」，四個世代的「明」，「明」就是「易」，就是「日月」，就是「陰陽」，就是要在永遠循環不變的真理中持續努力學習下去。所以才說「活到老，學到老」嘛！所以請不要再去想著「多久」才學得會？隨時學著，隨時用著，就是隨時在「會」的當中了。

在學習過程中，普遍發現一般學員有個很糟糕的心態，就是一直想著要如何才能將《易經》、八字學會、學好，但是又不願意好好按照學習的階段來做功課。就是常常想著有沒有所謂的「名師」，有沒有所謂的「祕笈」，好像只要有魔棒點一下就統統會了。根本就都是偷懶不務實的愚痴想法。

學習永遠沒有「名師」和「密笈」的，只有按部就班踏實地學習，才有可能學得會。那什麼是學習的方法和階段呢？

第一、要有計畫。能知道學習《易經》、八字的興趣和目標。

第二、要有恆心。循序漸進，慢慢遵循老師的引導學習，不可躁進。

第三、要知道學習內容的方向和目標。對於學習的階段和進階的次第內容要清楚。

第四、要能夠踏實地「實習」、「練習」。須配合佛堂的「實習」服務安排，確實付出。

第五、要有慈悲心。一定要有為眾生服務、不求自身利益的菩提心，來行菩薩道。

老師通常會嚴格地要求學員，當晉級到中階時，就要為初級的學員教課當「小老師」，或直接為其他信眾、學員做卜卦、批解八字的服務，也要寫出自己的學習心得報告。這一些都是「行」的基本要求。

另外還要有一個正確的觀念；不要以為這好像你是在為信眾「服務」，其實應該是這些「眾生」在當我們的「老師」呢！在這樣的實務經歷中，才有可能學習體悟到屬於你真正的智慧。所以老師常講一句名言：「天下間只有兩位名師，一是眾生，一是菩薩。」這是有心在《易經》、八字努力學習中的各位必須要有的體認。

【易學佛院 各地上課課程、報名表】

填表日期：　年　月　日

地區	八字批論 服務時間	占察三世因果 服務時間	八字、易經、紫微 上課時間
台北	每星期一至六 下午2點至6點	每星期一至六 下午2點至6點	**初階**　每星期日、三 晚上7：00至8：30
台中	每星期一至六 下午2點至6點30分	每星期四、六 下午2點至6點30分	**初階**　每星期三 晚上8：00至9：30
台南	每星期一至五 下午2點至6點	每星期三、六 下午2點至6點	**初階**　每星期五 晚上6：30至7：50
高雄	每星期一至日 下午2點至6點	每星期二、六 下午2點至6點	**初階**　每星期六 晚上6：30至7：50
占察三世因果說明	1、地藏王菩薩之占察木輪，占察三世因果和《易經》卜卦，占察者需備鮮花、水果來禮拜菩薩。 2、各地佛堂占察服務時間都不相同，請務必事先預約聯絡，以免無法為您占察服務。		

備註：

1.佛堂所有服務均為免費，老師個人都不收取紅包和供養。也絕不推銷販賣任何改運商品，請隨緣發心助印善書即可，以弘揚善知識來廣積陰德，積福消業。

2.請務必事先報名上課班別，以便準備教材，詳細課程請以網站公布為主。

台北：（02）2314-5216　練師姐 0919-228008

台中：（04）2202-8283　曾師姐 0955-583222

台南：（06）221-2053　黃師姐 0932-982932

高雄：（07）221-7342

www.kunde.org.tw　e-mail：kunde92@seed.net.tw

【上課地點】

台中班：台中市健行路四六四號四樓（近學士路、中國醫藥學院附設醫院）

台北班：台北市中山北路一段二號五樓5B-2室（鄰近台北火車、捷運總站，近中山北路邊，捷運台北車站七號出口）

台南班：台南市友愛街二〇一巷七號四樓（7-11旁巷內，美麗都美髮美容補習班內）

高雄班：高雄市前金區仁德街三〇三號二樓（中央公園對面，五福三路邊）

【上課報名資料】

姓名：＿＿＿＿＿＿＿＿＿＿ □男 □女　　年齡：＿＿＿＿歲

住址：＿＿＿＿＿＿＿＿＿＿＿＿＿＿＿＿＿＿＿＿＿＿＿＿＿＿

＿＿＿＿＿＿＿＿＿＿＿＿＿＿＿＿＿＿＿＿＿＿＿＿＿＿＿＿

電話：＿＿＿＿＿＿＿＿＿＿ 行動電話：＿＿＿＿＿＿＿＿＿＿

E-mail：＿＿＿＿＿＿＿＿＿＿＿＿＿＿＿＿＿＿＿＿＿＿＿＿

大概工作職業：＿＿＿＿＿＿＿＿＿＿＿＿＿＿＿＿＿＿＿＿

報名班別：

□八字、紫微、《易經》初階　□八字、紫微、《易經》中階晉級

□八字、紫微、《易經》中高階師資班　□其他佛學講座

時間表有效期為：101年9月至102年6月

講堂隨時都有在開新班上課，時間若有更動，請務必事先電話聯絡，預約服務時間，或再確定上課班別時間。

台中佛堂 位置圖

預約服務專線：（04）2202-8283 （下午12點至6點）

傳真：（04）22028290　　曾師姐 0955-583222

台中市北區健行路464號4F，餐廳四樓（近學士路、中國醫藥學院附設醫院）

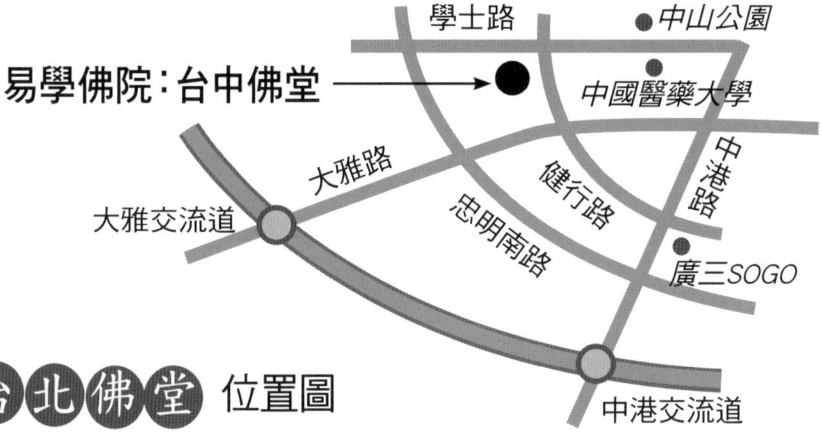

台北佛堂 位置圖

預約服務專線：（02）2314.5216

練師姐 0919-228008

台北市中山北路1段2號5樓5B-2室

（鄰近台北火車、捷運總站，近中山北路邊，捷運台北車站七號出口）

台南佛堂 位置圖

預約服務專線：（06）221-2053

台南市友愛街 201 巷 7 號 4 樓（7-11旁巷內，美麗都美髮美容補習班內）

高雄佛堂 位置圖

預約服務專線：（07）221-7342

高雄市前金區仁德街 303 號 2 樓（中央公園對面、五福三路邊）

心得筆記

心得筆記

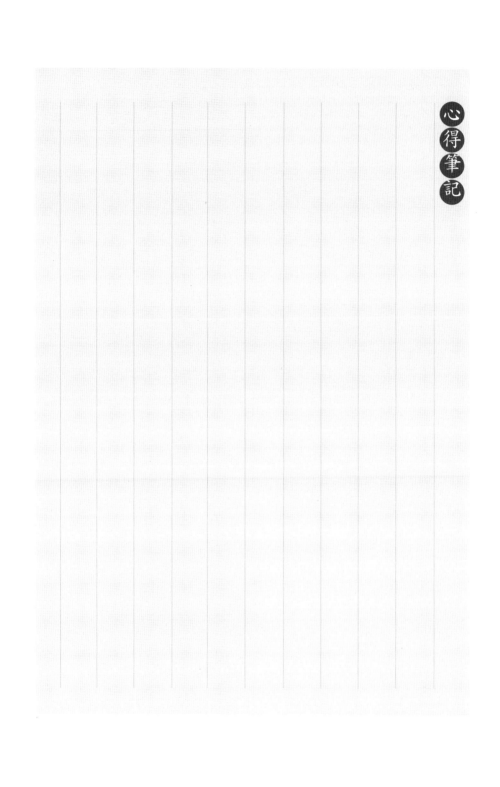

心得筆記

國家圖書館出版品預行編目資料

姓名學入門初階講義 / 黃四明 著. -- 初版.
-- 新北市：雅書堂文化, 2012.10
面； 公分. --（命理館 05）
ISBN 978-986-302-077-6（平裝）

1. 姓名學

293.3 101016953

命理館 05

姓名學入門初階講義

作　　者／黃四明
發 行 人／詹慶和
總 編 輯／蔡麗玲
執行編輯／林昱彤・張碧珠
編　　輯／蔡毓玲・劉蕙寧・詹凱雲・李盈儀
封面設計／陳麗娜
內頁排版／造極
發 行 者／雅書堂文化事業有限公司
郵政劃撥帳號／18225950
戶　　名／雅書堂文化事業有限公司
地　　址／新北市板橋區板新路206號3樓
電子信箱／elegant.books@msa.hinet.net
電　　話／（02）8952-4078
傳　　真／（02）8952-4084

2012年10月初版一刷　定價350元

總經銷／朝日文化事業有限公司
進退貨地址／新北市板橋區橋安街15巷1號7樓
電話／（02）2249-7714　傳真／（02）2249-8715
星馬地區總代理：諾文文化事業私人有限公司
新加坡／Novum Organum Publishing House (Pte) Ltd.
20 Old Toh Tuck Road, Singapore 597655.
TEL：65-6462-6141　FAX：65-6469-4043
馬來西亞／Novum Organum Publishing House (M) Sdn. Bhd.
No. 8, Jalan 7/118B, Desa Tun Razak, 56000 Kuala Lumpur, Malaysia
TEL：603-9179-6333　FAX：603-9179-6060